交通运输经济与物流业发展

宋明磊 王威 陈曦 著

延吉·延边大学出版社

图书在版编目（CIP）数据

交通运输经济与物流业发展 / 宋明磊，王威，陈曦著. -- 延吉：延边大学出版社，2024.6. -- ISBN 978-7-230-06774-4

Ⅰ.F512.3；F259.22

中国国家版本馆CIP数据核字第2024XZ4222号

交通运输经济与物流业发展

著　　者：宋明磊　王　威　陈　曦	
责任编辑：马少丹	
封面设计：文合文化	
出版发行：延边大学出版社	
地　　址：吉林省延吉市公园路977号	邮　编：133002
网　　址：http://www.ydcbs.com	E-mail：ydcbs@ydcbs.com
电　　话：0433-2732435	传　真：0433-2732434
印　　刷：长春市华远印务有限公司	
开　　本：787毫米×1092毫米　1/16	
印　　张：8.5	
字　　数：200千字	
版　　次：2024年6月第1版	
印　　次：2024年7月第1次印刷	
书　　号：ISBN 978-7-230-06774-4	

定　价：48.00元

前 言

在当今全球化和信息化时代,交通运输和物流行业扮演着愈发重要的角色。它们不仅是国民经济的重要组成部分,也是推动经济全球化、促进区域经济一体化的关键力量。本书旨在深入探讨交通运输与物流行业的经济特性、需求与供给规律、组织与管理策略、成本与智能化管理,以及未来发展趋势等多方面内容。

书稿的第一章对交通运输与物流业的相关概念及其在国民经济中的重要作用加以介绍,为读者提供了一个宏观的行业视角。第二章深入讨论了交通运输行业的需求特征、规律以及供给能力,揭示了市场需求和供给之间复杂的互动关系。第三章主要研究物流运输的组织与管理,探讨了物流运输组织系统的构成、工作程序与管理方法,旨在提供有效的组织管理策略,以应对运输行业的挑战。第四章则聚焦于物流运输的成本和运输价格,分析了影响物流运输成本的各种因素,以及运输价格的基本结构和组成因素等。第五章着眼于物流运输与管理的未来发展趋势,探讨了包括行业的信息化与智能化转型、基于供应链的运输协同管理,以及绿色物流运输模式和管理等前沿话题。第六章则详细讨论了物联网技术在物流行业的应用,包括物联网技术在仓储系统的应用和交通运输物联网系统建设等。

本书力图为读者提供一个全面、深入地了解交通运输与物流行业的机会。本书适合行业从业者、研究者,以及对该领域感兴趣的学生和公众阅读。希望本书对推动交通运输和物流行业的持续发展有一定的帮助。

作者

2024 年 3 月

目 录

第一章 交通运输与物流业概述 ··· 1

    第一节 交通运输与物流的概念与发展概述 ································· 1

    第二节 交通运输业对国民经济的重要作用 ································· 8

第二章 运输需求和运输供给 ··· 15

    第一节 运输需求 ··· 16

    第二节 运输供给 ··· 24

第三章 物流运输组织与管理 ··· 33

    第一节 物流运输组织概述 ·· 33

    第二节 物流运输组织系统构成 ·· 42

    第三节 物流运输组织的工作程序与管理 ································· 57

第四章 物流运输成本与运输价格 ··· 64

    第一节 物流运输成本及其影响因素 ······································· 64

    第二节 不同物流运输方式的成本 ·· 72

    第三节 货物运输价格的基本结构、形式与形成因素 ················ 79

第五章 物流运输与管理的发展趋势 ·· 91

    第一节 物流运输的信息化与智能化 ······································· 91

    第二节 基于供应链的运输协同管理 ······································· 100

第三节 绿色物流运输模式和管理 …………………………………………… 108

第六章 物联网技术在物流行业的应用 ……………………………………… 113

第一节 物联网技术在仓储系统的应用 …………………………………… 113
第二节 交通运输物联网系统建设 ………………………………………… 120

参考文献 …………………………………………………………………………… 128

第一章　交通运输与物流业概述

第一节　交通运输与物流的概念与发展概述

一、交通与物流的概念

（一）交通的概念

交通是运输和邮电的总称，其是指将人或物进行空间场所的位移，从专业角度来说，是指交通工具在运输网络上的流动。

运输是指人或物借助交通工具的载运，产生有目的的空间位移。运输是指借助公共运输线路及其设施和运输工具，为实现人或物的位移所进行的经济活动和社会活动。

综上，交通运输是指运输工具在运输网络上的流动和运输工具上载运的人员与物资在两地之间位移的经济流动的总称。

（二）交通和运输的关系

交通强调的是运输工具正在运输网络上的流动情况，而与交通工具上所载运的人员与物资的多少没有关系。

运输强调的是运输工具上载运的人员与物资的多少、位移的距离，并不关心所使用的运输工具。

交通与运输反映的是同一事物的两个方面，或同一过程的两个方面。同一过程就是运输工具在运输网络上的流动，两个方面是交通与运输关心的侧重点不同。

（三）物流与现代物流

1.物流与现代物流的概念

"物流"一词最早起源于美国，而中国对物流的定义则源自日本。1979年6月，中国物资经济学会派代表团参加在日本举行的第三届国际物流会议，第一次把"物流"这一概念引进到了国内。一直以来，我国对于"物流"都没有明确的定义。直到2001年4月，我国颁布了第一个关于物流的国家标准：GB/T 18354—2021《中华人民共和国国家标准：物流术语》（现已更新GB/T 18354—2021）。在这个标准中，"物流"被定义为：物品从供应地向接受地的实体流动过程。根据实际需要，将运输、储存、装卸、搬运、包装、流通加工、配送、信息处理等基本功能实施有机结合。

根据国外物流理论和实践发展的脉络来看，现代物流业是社会经济发展到一定阶段的产物，是企业内部分工外部市场化与专业化及企业竞争（主要是市场营销观念的变革）的必然结果。它是相对于传统物流而言的。传统意义上的物流业包括交通运输、仓储配送、货运代理、多式联运等业态。随着经济全球化和信息技术的迅速发展、竞争的日益激烈，物流业逐步演进为包括企业自身的原材料采购、运输、仓储和产成品的加工、整理、配送等由企业自身承担的物流服务业务。因而，从广义上讲，现代物流包括传统概念的物流企业的商贸流通企业，涵盖原材料（或产成品）从起点到终点以及这一过程相关信息有效流通的全过程。它将运输、仓储、装卸、加工、整理、配送、信息等方面有机结合，形成完整的供应链，为用户提供多功能、一体化的综合性服务。

2.现代物流业的分类

（1）港口、码头物流

港口物流是指中心港口城市利用其自身的口岸优势，以先进的软硬件环境为依托，强化其对港口周边物流活动的辐射能力，突出港口集货、存货、配货特长，以临港产业为基础，以信息技术为支撑，以优化港口资源整合为目标，发展具有涵盖物流产业链所有环节特点的港口综合服务体系。在现代物流发展过程中，港口在国际贸易和国际物流方面的作用不断突出，港口商业化的趋势进一步增强，港口物流已成为现代物流发展的重要领域。

（2）公路运输物流

公路运输以汽车为运输工具，主要承担近距离、小批量的货运和水运；铁路运输难以到达的地区的长途、大批量货运及铁路，以及水运优势难以发挥的短途运输。由于公路运输事业投资较少，回收快，设备容易更新，具有很强的灵活性。近年来，在有铁路、水运的地区，长途大批量运输也开始使用公路运输。公路运输对国民经济和社会发展都起着十分重要的作用。但公路运输也有其局限性，主要是汽车装载量比铁路车辆、船舶等都要小，单位运输量的能源消耗大，运输成本高，容易发生交通事故，排放污染物和产生噪声污染等。

（3）铁路运输物流

铁路运输是指经由地上、地下以及架空铁路实现人或物从一地到另一地的空间位移以及与此相关的其他服务的总称，它是现代交通运输业的主要运输方式之一。

我国铁路运输行业一直占据着运输市场的重要地位，是国民经济发展的基础行业，被称为"国民经济的大动脉"。截至 2023 年底，我国铁路营业里程达到 15.9 万公里，居世界第一位。我国铁路以占世界铁路 6%的营业里程，完成了世界铁路 1/4 的工作量，运输效率全球第一。全国 85%的木材和原油、80%的钢铁及冶炼物资、60%的煤炭以及大量的"三农"物资运输均是由铁路完成的。

（4）保税物流

我国保税物流是随着海关保税监管区域或场所的发展与改革创新而逐步成长起来的。有关现代保税物流的研究主要集中在 2004 年至今。这一阶段的研究主要起源于国务院和海关总署从 2002 年开始的对保税物流管理制度和物流模式的管理和创新的积极探索。探索研究成果主要体现为制定了关于保税物流园区、保税物流中心等特殊经济区域的政策法规，形成了保税物流园区、保税物流中心（A 型、B 型）、保税港区、跨境工业区、保税区、出口加工区、保税仓库等多种海关特殊监管区域和保税物流场所，并初步形成了"以区港联动为龙头、以保税物流中心（A 型、B 型）为枢纽，以优化的公共型、自用型保税仓库和出口监管仓库为网点"的多元化保税仓储物流监管体系。

（5）空港物流

空港物流是以航空运输为主要运输形式发展而来，并借助现代信息技术，将产成品从运输、仓储、装卸、加工、整理、配送等方面有机组合，形成完整的供应链，为用户提供便捷化、一体化服务。由于航空运输成本高、安全性好，因此空港物流也比较适合附加值高、时效性强的产品，以最便捷的手续、最短的时间完成货物运输的全过程。航空货物运输因其所具有的高速度、节约供应链总成本的优势，已成为世界经济持续增长、健康发展的推动力量，各国都把加强航空货物运输管理视为提升经济发展水平和增强竞争力的有效手段。

二、交通运输业的形成和发展

（一）交通运输业的形成

交通运输业是商品经济发展的产物。从整个人类社会看，运输劳动从生产过程中分离，到形成一个独立的产业部门，经历了漫长的历史过程。交通运输业的形成与商品生产、商品流通的发展密切相关。流通领域中的运输需求直接来源于商品交换的需要，商品交换与商品运输互为条件，相辅相成。商品交换规模和范围的扩大，引起运输规模和范围的扩大，客观上要求运输劳动独立化、专门化和社会化。在人类社会的发展中，第一次社会大分工——畜牧业同农业的分离，使商品交换成为可能；第二次社会大分工——手工业同农业的分离，出现了直接以交换为目的的商品生产；第三次社会大分工，出现了专门从事商品交换的商人，使商品经济进一步发展，商品交换的规模有所扩大。

然而，在以后人类社会的长期发展中，居于统治地位的是自给自足的自然经济，商品经济发展缓慢，商品交换的规模和范围都受到限制。起初，由商品交换而产生的运输活动是由商品生产者自己完成的，是为交换而运输的。其后，运输活动与商业活动结合在一起，商人主要从事商业而兼搞运输，运输成为实现商品交换的辅助手段，具有明显的依附性质。例如，在海运发展史上，就曾出现过所谓"商人船主时代"。在我国，起源于秦代的漕运，是大宗长途的粮食水上专业运输，为封建王朝所垄断，是很特殊的独立的官办运输形式。在封建社会中虽曾出现过船帮、车行，但也是零星和分散的。然而，流通过程中的运输活动从商业中分离出来，并形成独立的产业部门，却是生产力、商品经济发展到一定阶段的产物。这个过程，从世界范围看，大体上是在封建社会解体、资本主义产生的时期完成的。

（二）交通运输业的发展

1.水路运输的发展

水路运输是人类最早形成的运输方式之一。早期人类受水中浮物的启发，发明了独木舟，即将圆木挖空后成为渡水工具。随着经验的积累及造船技术的提高，人们建造出了以风力为动力的帆船。到了11世纪左右，出现了可跨洋运输的商船。我国科学家发明的指南针被用于航海，航海技术得到了飞速发展。18世纪，人们在帆船上使用了机械动力，造船技术实现了重要突破。在19世纪中期，人们又制造出以烧煤为动力，以螺旋推进器为主要机械装置的轮船。内燃机的使用，提高了轮船的经济性和机动性。

当代水路运输发展的总趋势是货物运输船舶的专业化、大型化和高效化，水上客运的旅游化、高速化和滚装化，以及水运管理电子化和航行安全系统电子化。

2.公路运输的发展

最早的公路运输工具是人类交往与生产过程中产生的天然小道。农业和畜牧业分离，驯养的畜力取代了人力的原始运输。畜力车运输的发展对道路质量提出了新要求，进而产生了人工建造的道路。在古代，我国为统一全国而修建的道路被公认为是世界上最早公路；因国际交往而形成的丝绸之路在世界陆路交通中具有划时代意义。现代公路的雏形取决于汽车的产生和使用，以汽油机为动力的汽车对公路的标准及质量都提出了更严格的要求。大批量的汽车投入使用又极大地推进了公路建设的发展。当代公路运输的主要发展趋势是干线公路高等级化，汽车运输高效化。此外，公路运输技术发展的趋势还有公路设计、交通指挥控制管理和车辆诊断自动化，以及公路工程作业机械化等。

3.铁路运输的发展

人类在陆路上最早的非人力运输是以牲畜为直接动力的畜力车运输。由于其有一定的载荷，原始状态下形成的路面无法承受，出现了车辙，影响道路运输的畅通。后来人们在圆木制成的车轮行驶的地方铺设了以石料为主的硬路面，或铺上木板，以减少行车阻力，这就是铁路的雏形。16世纪前后，人们开始在矿山使用轨道，并使用了有轮缘车轮的车辆。钢铁工业的发展为铁轨和铁车轮的使用提供了条件。具有现代色彩的铁路是随着蒸汽机车的发明和锻铁铁轨出现的，于19初开始在世界上投入使用。由于铁路运输能高速、大量运输旅客和货物，因而铁路建设得到了很快的发展。到了19世纪后半期，全球各大洲都大量建造铁路，铁路成为陆路交通的主要运输工具。

当代铁路运输发展的总趋势是牵引动力内燃化、电气化，铁路客运高速化，大宗散货运输重载化，信息技术电子化。

4.航空运输的发展

航空运输是人类最向往的运输方式，也是实现较晚的运输方式。人类第一次离开地球在空中飞行用的飞行器是气球，当时无法控制飞行的速度和方向。以蒸汽机为动力的气球是飞艇的雏形，直到汽油发动机的采用，才使滑翔机的螺旋桨式飞机成为现实。航空发动机技术的改进，增强了运输能力，增长了航程，提高了速度。20 世纪中期，喷气式飞机的出现，较大幅度增加了航行距离，也提高了飞行速度。航空运输已成为中距离旅客运输的主要方式。

当代航空运输发展的趋势主要有：干线飞机巨型化、超高速化，安全性、舒适性进一步提高；安全保证系统自动化；空中交通管制现代化。

5.管道运输的发展

从管道发展史来说，中国是最早使用管子输送流体的国家。约在公元前 200 年，我国秦汉时期就已经出现用打通的竹子连接起来输送卤水的管道。

现代管道运输始于 19 世纪。1861 年，美国建造了世界上第一条运输原油的管道，长 57 km，1880 年和 1893 年又相继建造了 100 mm 管径的成品油管道和天然气管道。第二次世界大战期间，美国用两年多时间修建了 2158km 长的原油管道和 2745km 长的成品油管道。自此以后，各种油气管道技术逐渐达到成熟阶段。无论从工程规模、经济效益或技术水平来看，管道运输都已达到同其他运输方式相同的水平。

现在，世界上共有 240 万千米左右的油气管道。由于石油资源经过一个多世纪的开发，易于开发的地区已经进入低产期，因此石油开发的趋势是重心逐渐向边远地区转移，这就导致修建管道的工程规模越来越庞大而艰巨，技术要求越来越高。

从世界管道运输的发展来看，原油管道发展缓慢，成品油管道发展趋势明显。这一趋势是因各国原油产量衰减，从而转为进口中东和南美的原油。原油进口主要依靠海运，因此原油管道建设较少；而市场对成品油的需求增加，也促进了成品油管道的建设。

除了油气管道以外，还有固体浆液管道，主要用于输送煤、赤铁矿、铝矾土和石灰石等。目前，尚在运行的煤浆管道是从美国亚利桑那州北部黑梅萨地区的露天煤矿到内华达州的英哈电厂的煤浆管道。黑梅萨煤浆管道从 1970 年 11 月建成投产以来，已经成功地运行了几十年，设计能力年输煤五百万 t。目前，新的煤浆管道的输送工艺仍在研究中。由于煤浆中煤水重量比接近 1∶1，因此用水量过大，到终点以后煤要脱水才能供电厂使用；同时，脱水后的污水会污染环境，处理也比较困难。近年来，一些国家在煤浆中加入添加剂，减少掺水量，使煤可以直接当作燃料。

自改革开放以来，我国加快了交通运输业建设，已初步形成了横贯东西，沟通南北，联系世界，水、陆、空并举的综合运输体系。但是，从总体水平上看，我国的交通运输业仍不能满足国民经济和社会发展的需要。因此，根据我国地域辽阔、资源有限、人口众多、发展不平衡的社会经济条件，我国的交通运输业发展的总方针应确定是以铁路为骨干、公路为基础，充分发挥水运，包括内河、沿海和远洋航运的作用，积极发展航空运输，适当发展管道运输，建设全国统一的综合运输体系。发展统一的交通运输业应发挥中央和地方、内资和外资等各方面的积极性。遵循市场经济规律，在建设交通运输业过程中，交通运输业体制的转变和运输能力的提高是交通运输业快速、可持续、健康发展的关键。

随着我国国民经济的快速、可持续、健康发展，我国的交通运输业进入了一个新的发展时期。公路、铁路、水路、民航及管道运输都有广阔的发展前景，各种运输方式发挥各自的经济技术特长，优势互补。在国家宏观调控下，运用市场机制，形成了全国统一和开放的综合运输体系，为我国社会发展和经济增长发挥更大的作用。

三、物流业的发展历程

物流行业是随着现代化产业的发展而兴起的，它的发展历程可以追溯到人类社会开始进行交通和贸易的时候。

最早的物流活动可以追溯到古代的商业贸易时期。古代商人们通过陆路和海路进行商品的交流和运输，通过驼队、马车、船只等工具进行商贸物品的运输。这一时期的物流活动主要依赖人力和动物力，效率较低。

随着工业革命的到来，交通运输工具的发展和改进带动了物流行业的进一步发展。铁路、汽车和水运工具的发展极大地提高了物流运输的效率。同时，发展起来的制造业提供了更多的商品，物流行业的需求也日益增长。

20世纪50年代以后，随着科技的进步，信息技术的广泛应用也对物流行业的发展产生了重要影响。传真机、电话、电脑等通信工具的普及，极大地提高了物流信息的传递速度和准确性。物流企业能够更好地跟踪货物的位置和实时信息，提高了物流运输的精确度和效率。

20 世纪末和 21 世纪初，互联网的广泛应用进一步推动了物流行业的发展。电子商务的兴起使得物流行业经历了一次巨大的变革。物流企业与电商平台合作，为消费者提供了快速、准确的配送服务，使得商品能够快速送达消费者手中。同时，物流跨境、全球化运输的需求也在增加，物流企业不再局限于国内，而是涉足到跨国运输领域。

当前，物流行业的技术和模式正处于颠覆和革命的阶段。物流企业开始引入人工智能、大数据分析、无人驾驶等新技术来提高运输效率和降低成本。预测性分析和智能调度系统的应用，使得物流企业能够更好地优化运输路线和货物仓储。同时，可追溯系统的应用也提高了货物安全和追踪的准确性。

总的来说，物流行业的发展历程经历了从人力和动物力驱动到机械力驱动，再到信息驱动的变革。从最初的简单货物运输到现在的全球化供应链管理，物流行业在现代经济中扮演着重要的角色。正是因为物流行业的发展和创新，才能更好地满足人们对商品运输的需求，推动经济的繁荣和发展。

第二节　交通运输业对国民经济的重要作用

一、交通运输业的一般意义

交通运输业负责完成社会经济生活中人与货物的空间位移，它具有多方面的意义。

首先，空间位移量的增加与人类自身的完善和成熟，与经济水平及生活质量的提高过程是一致的。交通运输业的发展促进了不同地区之间人员和物质的流动，这有助于促进语言、观念、习俗等方面差异很大的各地民族打破隔绝状态，进行文化的交流，从而鼓励各地民族在饮食、卫生、教育、艺术、科技以及一般生活方式上的互相交融，推进社会进步。

在政治方面，良好的交通运输条件使广阔区域上的政治统一成为可能。历史学家认为，是尼罗河的航运使古埃及达到高度的文明；古罗马的建立则应归功于它早期形成的公路系统。

人类始终在不遗余力地扩大、提高和完善在空间位移方面的本领，人与货物空间位移的水平一向反映着人类克服自然阻力的能力。而运输有力地推动了技术进步，在不断提高人与物位移能力的斗争中，运输进一步联系和代表着未来的各种新技术、新能源、新材料。有人总结说，历史上任何具有革命性的现代运输技术，都是依靠世界上最强大的经济力量支持才出现的。例如，近年超导研究取得了一些突破性进展。超导技术可以用来建设高速低耗的轨道系统，提高运输效率；又如，实现星际间人与物位移的航天技术也已经成为各国发展高技术的重点。现代科技的大量成果都被很快地应用到交通运输领域，人类文明的成果一次又一次体现在交通运输上。

运输还是影响国防和战争的重要因素。无论是古代还是现代，运送部队和装备的能力都是决定战争胜负的基本条件之一。在今天的国际条件下，这种能力更是与各国的工业、经济和国防力量结合在一起，在国际对抗中起着越来越重要的作用。

二、交通运输业的经济特征

交通运输业与一般的工业部门相比具有明显的经济特征，主要表现在以下几个方面：

1. 交通运输业生产的是无形产品，不能储存也不能转移

运输生产过程的效用，在于在安全、无损的条件下改变旅客或产品的空间位置。由这一特征所决定的，在运输过程中对质量的要求显得异常重要和突出，在客货运输中，必须贯彻安全第一、质量第一的方针，确保旅客的人身安全和货物、行包的完好无损。

由于运输劳动是空间位置的变化，所以运输过程基本是在自然条件中进行，受自然环境影响很大，其设备、场所、人员流动分散，点多面广，经营管理不同于其他工农业生产部门。

2. 运输生产具有不可替代性

运输生产具有时间和空间上的不可替代性，运输生产过程和消费过程是同时进行的。该特点决定了运输生产只能在生产过程中被消费，运输生产越多，消费就越多。

一个地区在一段时期内多余的运输能力,不能补充到另一地区。如果运输需求不足,则运输供给就应相应减少,否则就会造成严重的浪费。所以,科学的综合运输规划是指导运输生产的重要依据,为此必须加强运输的科学预测和运量调查。

3. 运输是国民经济的基础结构

运输是国民经济的基础结构,是扩大再生产的最重要条件之一,运输规模是社会经济的基本比例之一。具体而言,该特点有以下几个方面:

(1) 某种运输方式一旦形成,就会产生运输效应。运输效应是指交通行为作用于社会和国民经济各部门所产生的社会经济变化。它包括物质传输效应、集聚诱发效应、时空效应、经济连锁循环效应和社会(国家)管理效应;即引起国民经济各部门生产要素的集聚,从而形成社会生产力;诱发潜在生产能力的发挥,扩大社会再生产;实现国民经济各部门的商品生产和交换,完成其再生产过程;缩小地域空间,相对延长工作和休息时间;增加社会再就业,产生生产和消费的经济连锁循环递增现象;实现社会(国家)的行政管理和巩固国防;促进信息传递、文化交流和人员往来等,从而为整个社会经济的发展奠定基础。

(2) 商品经济越发达,生产对流通的依赖性越大,铁路等运输行业的作用也越突出,应优先发展。在国家工业化初级阶段,单位产值要求的运输量大,大宗、长距离的原料、燃料和半成品运输构成了货运的主体。这一时期铁路的较大发展不可避免。

美国和德国的调查表明,对生产领域的农业来讲,在农业的产外作业中,运输量占一半以上;对林业采伐作业来讲,80%以上是运输作业;对采掘业来讲,基本靠运输作业,因为该行业的本质是交通运输业;对加工工业来讲,只有依靠运输才能进行生产、输入原材料、输出制成品;对流通领域的国内和国际贸易来讲,更是依靠运输,我国商品流通费中有 1/3 是运输费用,经济发达国家商品流通费中运输费用一般在 1/2 以上。上述事实证明,国民经济各部门间和部门内部的空间与时间联系,完全依存于交通运输业的功能才能实现。所以,交通运输业在国民经济中的地位犹如农业在社会和国民经济中的地位,同样是国民经济的主要基础之一。

(3) 国民经济的比例关系,即积累和消费的比例,农业、轻工业和重工业的比例等。一个合理的产业结构或社会生产结构,应当在多大规模上,用多少资源去实现人和物的空间位移,应当是社会生产结构研究的主要内容之一,如果忽视这种研究,必然导致交通运输与国民经济的比例失调,制约我国国民经济发展的规模和速度。交通运输与社会经济发展的比例关系，应当是社会生产结构的基本比例关系之一。

4.运输生产既创造价值，也创造使用价值

对于交通运输业不仅要强调它的物质生产属性，还应重视它的服务属性及国防功能。运输产品的非实体性和非储备性，交通运输业为社会提供的不是新的物质产品，而是在物质商品的使用价值上并不留下任何可见的痕迹的效用，这种效用既可供个人消费，又可以将其追加价值转移到商品本身中去，促使物质使用价值的形成以及新环境中使用价值的实现。

三、交通运输业在国民经济中的地位与作用

（一）交通运输业在国民经济中的地位

交通运输业在国民经济中处于十分重要的地位，主要表现为以下几个方面：

1.运输是再生产过程中的必要条件和社会生产力的组成部分

（1）生产领域中的生产性运输活动，是生产过程的重要组成部分。物质生产领域中的生产性运输活动，如工厂内通过汽车、专用铁路及其他运输设备，使生产过程中的原材料、半成品和在制品的位置移动就是生产得以进行的重要条件和环节。至于某些生产部门如煤炭、石油等部门，其生产活动在很大程度上是运输活动。如果没有这些运输活动，工农业生产活动就无法进行。

（2）产品生产出来后，必须通过运输，即经过分配、交换，才能到达消费领域。从生产领域到消费领域，是产品生产过程在流通领域中的继续和延长，如果没有运输这个中间环节，产品的使用价值就难以实现，社会的再生产就不可能进行，人民生活的需要也就难以满足。生产往往以交通运输业的运输活动为起点，又常以运输为纽带，联结各个领域和环节，这就说明没有运输就没有物质资料的生产，所以运输促进了社会生产力的发展。

我国多年的经济建设的实践也充分证明，发展交通运输业是发展国民经济的基础和先决条件。

2.运输保证社会产品的提供并提高国民收入

运输虽不能创造新物质产品，不增加社会产品的总量，但却是社会产品生产过程中所必需的生产劳动。属于生产过程的运输，运输工人、运输设备直接参与物质产品的创造过程；属于流通过程的运输，则是一个必要的追加生产过程。一方面，产品经过运输虽然其使用价值没有发生任何变化，但由于运输过程中消耗的生产资料价值及运输职工新创造的价值追加到产品的价值中去，使产品的价值量增加了；另一方面，如果没有运输，产品的使用价值就难以实现。因此，运输保证了社会产品的提供并参与了国民收入的创造。

3.运输确保了社会正常的生活和工作秩序

运输活动是社会赖以存在和发展的必要条件之一，特别是随着现代化社会经济的发展，如果没有相应发展的交通运输业，社会生产活动就无法进行，人们的正常工作和生活也会受到严重的影响。现代社会的四个流动（即人流、物流、资金流和信息流）是社会运转所必需的，其中人流、物流直接由交通运输业完成。

虽然现代化的信息流由于通信设备的不断更新与完善，对运输部门的依赖程度已明显下降，但大量的信息载体，如信函、报刊和其他印刷品，仍需要由运输部门承运。可见交通运输在确保社会正常的生活和工作秩序等方面起着十分重要的作用。

4.运输占用、耗费了大量的社会资源

交通运输业不但占用了大量的社会劳动力，而且消耗大量的社会资源，运输费用在生产费用中占有很大比重。例如，我国火力发电工业的发电成本中，燃料的运输费用约占70%。在商品流通费用中，比重最大的也是运输费用。在全国基本建设投资方面，交通运输业的固定资产投资占全社会固定资产投资比重逐年呈现上升的趋势。交通运输业的发展，有赖于国民经济其他部门的发展，反过来又促进其他部门的发展。

（二）交通运输业在国民经济中的作用

1.促进工农业生产和整个国民经济的健康发展

交通运输作为社会生产的必要条件，是保证国民经济建设正常进行的重要环节。在某种情况下，没有交通运输就不能进行生产活动。例如，煤炭开采出来以后，如果没有运输工具送入消费地区，煤炭本身的使用价值就不能实现。尤其是随着现代化大

生产的发展，生产专业化与协作的加强，各地区之间的经济联系更加广泛和密切，这就更需要按时将原料、燃料和半成品运往工厂，将化肥、农药等运送到农村，把成品及时运往消费地，以保证整个国民经济正常运转。

对于工农业生产部门来说，运输效率的提高与运输成本的降低，能缩短商品在途时间，加快流动资金周转，降低商品流通费用，从而促进经济的发展。

此外，运输有助于新资源的开发和落后地区的经济的开发，并能扩大原料供应范围和销售市场，最终促进社会生产力的发展。例如，随着我国西部地区一些铁路和公路干线的建设，出现了不少新的工业基地和城市，西南和西北地区的工业总产值也有了大幅度的提高。

2.推动了生产力的合理布局，有利于提高全社会的经济效益

国家和地区的工业布局，首先要考虑原材料运进和产品运出方面所具备的交通条件。采掘工业和加工工业的布局安排是否合理，同样也要分析交通条件如何，没有现代化的运输或运力不足，新的大型资源的经济开发是不可能的。因此，运输在一定程度上能够促进生产力的合理布局。例如，兴建一个工厂、矿山，开发一处农场、牧场，修建电站、学校，设置商业购销网络，都必须考虑到交通运输的条件。上海市一百多年前不过是一个小渔村，又无矿产资源，但自从沿黄浦江建立海港后，很快就发展成为我国工业、商业最为繁荣的第一大城市。

我国的生产力布局不尽合理，大宗货物和能源产量分布较不平衡，沿海工业比较集中，而矿产资源较为丰富的内蒙古、山西及西北、西南广大地区，工业基地却比较少。因此，沿海和内地的经济发展极不平衡，工业商品产地远离市场，远离原料和燃料生产基地，造成了极大的浪费。为了改变这种生产力布局不合理的状况，首先要改善边远省份和内地省份的交通条件，只有交通便利，才能促使工业企业向边远地区转移，促使新的工业基地和工业城市的兴起。

3.沟通了国家、政治、经济及文化等方面的交流

现代的交通网络，可把全国及我国与世界各地联成一个有机的整体，沟通了各地的政治、经济、文化的交流往来。在满足人们旅游和物质文化生活方面，起到了重要的作用。

就我国经济而言，我国的经济发展不是仅指沿海几个经济特区或省份的发展，不是仅指东部狭长地带的发展，也不是仅指城镇居民的居住地的发展，而是应该包括全体农民在内的全国各族人民的整体物质生活与文化生活的共同发展。我国中西部的广大地区，至今还是经济较不发达地区。在一定的时间内，要使这些地区有大的改观，只靠中央或其他省份的输血是不行的，必须完善它们的造血机能，而交通运输业就是其必须机能之一。经济欠发达地区常以交通困难或交通欠发达为特征。如果充分利用现代运输手段，可明显加快其经济的发展。

4.扩大了对外贸易，密切同世界各国的关系

现代社会，再也不能是自产自销的小商品生产社会，必须将门户向世界开放，有无完善的交通系统，是门户能否真正打开的关键。第二次世界大后的欧洲各国为了复兴欧洲，十分注意欧洲统一运输网的建设，经过几十年的努力，已经统一了欧洲的航道标准；四通八达的欧洲大陆公路运输网更是在战后欧洲的联合和经济振兴中起到了积极作用。自改革开放以来，我国高度注重引进与利用外资兴建与完善我国的交通基础设施。随着对外开放政策不断深入，以及我国国际事务活动范围的扩大，我国同世界各国在政治、经济、文化方面的交流日益频繁，关系逐步地密切起来，交通运输业的作用势必日益重要。

5.增强了国家的国防实力

在战时，无论武器装备何等精良，若不及时送到前线，就不可能发挥应有的作用。因此，运输线路的通车程度，特别是铁路和汽车运输能力的大小对国防力量的加强至关重要。交通运输业平时确保社会经济的发展，战时则可用于国防的需要，充分保障兵力的调集，武器、弹药和给养方面的后勤支持。历史证明，大力发展交通运输业建设对于国防建设有着重要的作用。

第二章　运输需求和运输供给

交通运输的需求来源于社会经济活动同散布在空间不同点上的社会经济活动之间的相互作用，资源、劳动力之间的相互作用及其在再生产中产生了交通运输需求。运输需求与运输供给是运输市场的两个不可分割的基本方面。运输需求是运输供给的原因，而运输供给则是运输需求的基础，它们构成了一个有机整体。运输市场存在着市场运行机制来自行调节需求和供给之间的关系，使需求和供给形成某种规律性的运动，出现某种相对的均衡状态——市场均衡。当某种均衡形成之后，随着时间的变化、各种影响因素的发展，供需条件会发生变化，这种均衡就要被打破，再向新的均衡发展。运输需求一方面综合反映了国家政治、经济、文化和人民生活的全貌和水平；另一方面也是一个国家市场经济发达程度的重要标志。首先，货运需求和客运需求是随着工农业生产的发展和商品交换的扩大，随着社会文化和人民生活的发展而不断增长的。因而，货运需求量和客运需求量的变动，一般可反映出国民经济和人民生活的发展水平。其次，货运需求和客运需求的流向要求，从货运来讲，反映了市场的走向，反映出各种物资从哪里来流向哪里。从客运来讲，反映了客流的动向，反映出旅客从何处来向何处去，说明了地区的经济、文化和居民的联系。再次，各类货物运输需求的构成，反映出劳动密集型产业、资金密集型产业和技术密集型产业的构成及其各占整个国民经济中的比例。我们研究运输需求，主要是为了如何满足它，是为了研究运输供给，如何按运输市场的需求来提供运输服务。如果我们不能提供安全、量大、质优的运输服务，就不能适应国民经济和人民生活水平的提高。因此，在我们进行运输经济学的讨论时，首先必须对运输需求进行研究。

第一节 运输需求

一、运输需求的产生

运输需求按运输服务对象不同可分为旅客运输需求和货物运输需求。

旅客运输需求一般可分为公务、商务、探亲和旅游四种类型。旅客运输需求来源于生产和消费两个不同的领域。其中，以公务和商务为目的的旅客运输需求来源于生产领域，与人类生产、交换和分配等活动有关的运输需求，可称为生产性旅行需求，这种需求是人类生活在运输领域的继续，其运输费用计入产品或服务成本。以探亲和旅游为目的的旅客运输需求来源于消费领域，可称为消费性旅行需求，其运输费用来源于个人收入。

货物运输需求的产生有以下三方面的原因：

第一，自然资源地区分布的不均衡，生产力布局与资源产地的分离。自然资源是大自然赋予人类的宝贵财富，但是它的分布是不均衡的，这是不以人的意志为转移的自然地理现象。例如，我国煤炭储量集中在北方，其中山西、陕西、内蒙古占比最高；铁矿石集中在河北、辽宁、四川三省。生产力的布局要考虑自然资源的分布状况，但不可能做到完全与自然资源相一致，社会经济活动必然要求自然资源由储藏丰富的地区向缺乏资源的地区流动，这就必然产生运输要求。

第二，生产力与消费群体的空间分离。由于各地区经济发展、产业结构和消费习惯的差异，生产力布局与消费群体的分离必然存在。随着生产社会化、专业化、区域经济和国际分工的发展，生产资源的进一步优化组合，某些商品的生产将日益集中在某个或某些区域，生产与消费空间的分离将日益增大，就必然产生运输需求。

第三，地区间商品品种、质量、性能、价格上差异。不同地区之间、不同国家之间因自然资源、科技水平、产业结构的不同，产品的质量、品种、性能、价格等方面会存在很大的差异，由此就会引起货物在空间上的流动，就会产生运输需求。

二、运输需求的定义与内容

1.运输需求的定义

运输需求就是运输市场需求，即货主或旅客对运输供给部门提出的实现货物或旅客空间位移的要求。现实的运输需求一般应具备两个条件：第一，有购买运输劳务的欲望；第二，有购买能力。缺少其中之一，就不可能形成现实的运输需求。

2.运输需求的内容

运输需求包括五个方面的内容：

（1）运输需求量。运输需求量常以货运量（t）和客运量（人）来表示，用以说明货运需求与客运需求的多少和规模的大小。

（2）流向。流向是指货物或旅客在空间位置转移的地理走向，说明货物或旅客从何处来，到何处去。流向说明了地域间经济和居民的运输联系。

（3）运输距离。运输距离是指货物或旅客在空间上位置转移的起始点之间的距离。

（4）运输构成。运输构成是指各类货物和旅客运输需求占总需求的比重。

（5）起运时间和运达时间。

3.运输需求的分类

（1）按运输需求的性质划分，可分为生产性运输需求和消费性运输需求。

①生产性运输需求，即基于社会生产活动而产生的运输需求。包括物和人的运输需求，如产品、半成品及其所需材料、设备、辅助用品等物的运输需求，以及职工上下班和联系公务产生的人的运输需求。

②消费性运输需求，即基于社会消费活动而产生的运输需求。包括人们生活必需品和消费品的物的运输需求，以及人们就医、购物、探亲、娱乐和学生上下学等的运输需求。

（2）按运输需求的目的划分，可分为本源性运输需求和派生性运输需求。

①本源性运输需求，即以移动本身为目的的运输需求。如体会运输工具的性能（首航班机、首开地铁和索道等）乘机、乘车游览和闲暇休息性乘车等。在所有的运输需求中，该种运输需求较少。

②派生性运输需求，即将运输作为其他目的的中间手段的运输需求。如通勤运输、

通学运输、购物就医等。货物运输均属于此类运输。在所有的运输需求中，该种运输需求较多。

（3）按运输对象种类的不同，可分为货物运输需求和旅客运输需求。

（4）按运输需求的范围的不同，可分为个别运输需求和总体运输需求。

个别运输需求是指在一定时期内、一定价格水平下，性质不同、品种不同、运输要求不同的具体需求；总体运输需求是由个别运输需求的总和构成的。个别运输需求是有差异的，而总体运输需求是无差异的，两者都是为了实现运输对象的空间位移。

（5）按运输需求产生的地域不同，可分为区域内运输需求、区域间运输需求和过境运输需求。

区域内运输需求的起点和终点都在同一区域 a 内，则为 a 区域内的运输需求；运输需求的起点在 A 区域而终点在 B 区域内，为 A、B 区域之间的运输需求；运输需求的起点、终点均不在 A 区域，但运输对象利用了 A 区域内的运输线路而完成其位移的，为 A 区域的过境运输需求。

（6）按运输方式的不同，可分为公路运输需求、铁路运输需求、航空运输需求、水路运输需求和管道运输需求，以及多种方式的联合运输需求。

4.运输需求的要素

运输需求包括以下七个要素：

（1）流量，也称运输需求量，是指在一定时期内、一定条件下，运输消费者愿意购买的运输劳务的数量。通常用客货运量和客货周转量来表示，说明客货运输需求的数量与规模。

（2）流向，是指货物或旅客空间位移的地理走向，即从何处来到何处去，表明客货流的产生地和消费地。

（3）流程，也称运输距离，是指货物或旅客空间位移的起点和终点之间的距离。

（4）流时，也称运送时间，是指运输需求对空间位移起止时间的要求。

（5）流速，也称送达速度，是指运输消费者对货物实现位移全过程中运输速度的要求。

（6）运输价格，是指运输单位重量及体积的货物和运送单位旅客所需的运输费用。

（7）运输需求结构，包括需求的空间分布、时间分布和客货运输的结构，是按不同货物种类、不同旅客出行目的或不同运输距离等对运输需求的分类。

三、运输需求的影响因素

（一）旅客运输需求的影响因素

影响旅客运输需求的主要因素有以下几项：

1. 经济发展水平

随着我国改革开放的进一步深化和市场经济的迅速发展，人口的流动性大大增加，客运量出现了强劲的增长势头。例如，"假日经济"的发展，在"五一"、国庆假日期间，铁路、公路、航空等运输方式，其运输量都出现了高峰期；每年春运期间，由农村剩余劳动力转移形成的民工潮日益加强，使得铁路严重超员，不堪重负。

2. 国民的消费水平

随着人们生活水平的提高，探亲、旅游等的需要必然不断增长，与此相联系的消费性要求也将随着生活水平的提高在数量和质量上发生变化。

3. 人口数量

旅客运输的对象是人，因此人口的变化必然会引起旅行需求的变化。

4. 旅行费用

旅行费用即运输服务价格的变动对旅行需求的影响较大，尤其是对消费性旅行需求的影响更大。

5. 运输服务的质量

安全、迅速、便利的运输服务网络能刺激旅客运输需求；反之，则会抑制旅客运输需求。

（二）货物运输需求的影响因素

影响货物运输需求的主要因素有：

1. 经济发展水平

货物运输需求是一种派生需求，这种需求的大小取决于国家的经济发展水平，取决于物质产品的产出量。随着社会经济的发展，运输需求日益多样化，对运输质量方面的要求也越来越高。

2.国民经济产业结构和产品结构

首先,生产不同产品所引起的厂外运量(包括所有原材料、附属材料、能源、半成品和产成品等的运量)的差别是很大的。其次,不同产品利用某种运输方式的运输系数(即产品的运输量与其总产量的比值)是不同的。近年来,我国煤炭的铁路运输系数约为0.58、金属矿石为0.48、钢铁为0.65、而粮食则仅为0.12,它们的差别是很大的。最后,不同的产业构成,在运输需求的质与量上的要求也是不同的。

3.运输网的数量和质量

交通运输网的布局和质量,直接影响货物线路的吸引范围、各线路的通过能力,以及需求的适应程度。滞后的交通运输业会影响生产力的发展,抑制货物运输的需求。

4.运价水平的变动

运输需求对运价水平的变动是有弹性的。一般来说,运价水平下降时,运输需求会上升;而运价水平上升时,运输需求会受到一定的抑制。

5.国家经济政策和经济体制的改变

随着我国经济体制的改革,在竞争和追求效益的机制作用下,资源和产品在市场上相对自由地流动,商品交换的范围迅速扩大,交换频率大大增加,因此货物运输需求也大大增加。在市场经济下,过去一些不合理运输或违反流向的观念也在发生变化,特别明显的是随着商品市场半径的扩大,货物平均运距增长很快。

四、运输需求的特征

运输需求与其他的商品需求相比有其特殊性,表现在以下几个方面:

(一)派生性

在经济生活中,如果一种商品或服务的需求是由另一种或几种商品或服务派生出来的,则称该商品或服务的需求为派生性需求,引起派生性需求的商品或服务称为本源性需求。货主或旅客提出的位移要求的目的往往不是位移本身,而是为了实现其生产、生活的计划，完成空间位移只是为实现其本来计划中的一个必不可少的环节。所以，社会经济活动是本源需求，运输需求则是派生需求。

（二）广泛性

现代社会经济活动的方方面面都离不开人和物的空间位移，因此运输需求存在于人类生活和社会生产的各个角落。交通运输业作为一个独立的产业部门，任何社会经济活动都不可能脱离它而独立存在。与其他商品和服务的需求相比而言，运输需求更具有广泛性，是一种具有普遍性的需求。

（三）多样性

个别运输需求对运输条件的要求不同，对运输方向和运输距离的要求不同，对运输质量管理的要求不同，对运输时间和运输速度的要求不同，对运价水平的要求不同，对运输的技术措施的要求也不同，等等。例如，石油等液体货物需要用油罐车或管道运输，鲜活易腐货物需要用冷藏车运输，化学品、危险品、超长、超重货物等都需要特殊的运输条件。对于旅客运输，由于旅行目的、收入水平等方面的不同，对运输服务的质量要求也必然具有多样性。因此，运输需求不仅仅有量的要求，还有质的要求，运输服务的供给者必须适应运输的质和量等各方面多层次的要求。

（四）不平衡性

运输需求的不平衡性体现在空间、时间上。

运输需求是对位移的要求，而且这种位移是运输消费者指定的两点之间带有方向性的位移，也就是说运输需求具有空间特定性。运输需求的这一特点，构成了运输需求的两个要素，即流向和流程。空间和方向上的不平衡性主要是因为资源分布、生产力布局、地区经济发展水平、运输网络布局等的不平衡。

客货运输需求在发生的时间上有一定的规律性，如节假日和周末的客运需求明显高于其他时间，市内交通的高峰期是上下班时间，农业产品的收获季节也是这些货物的运输繁忙期，这些反映在对运输需求的要求上，就是时间的不平衡性。运输需求在时间上的不平衡性引起运输生产在时间上的不均衡；运输需求的时间要求的另一层含义是对运输速度的要求，旅客货物运输需求带有很强的时间限制，即运输消费者对运输服务的起运和到达时间有特定的要求。运输需求的时间要求引出运输需求的两个要素：运输需求的流时和流速。运输速度和运输费用是成正比的，运输服务消费者必须在运输速度和运输费用之间进行权衡，以尽可能少的费用和尽可能快的速度实现旅客与货物的空间位移。

（五）规律性

运输需求起源于社会经济活动，而社会经济的发展具有一定的规律性，因此运输需求也具有一定的规律性。通常，经济繁荣带来运输需求的旺盛，而经济萧条也会引起运输需求的下降。社会经济活动的兴衰反映到运输需求上有一定的时间滞后。

1.货流增长与国民经济增长的一般趋势

货流形成是由于社会再生产的进行，国民经济各部门、各地区的生产消费之间在地区上和时间上的不平衡引起的，关键又取决于生产力的配置和运输网布局以及不同的产销联系。

（1）从长期发展趋势来看，工农业生产特别是整个国民经济的发展同货运量的比例关系，其总趋势是生产增长快于运量的增长，即国内生产总值的增长快于货物周转量的增长。

（2）从短期发展趋势来看，在工业化的初期，往往是运输量的增长速度超过国民经济的增长速度；在工业化中期，货运量增长速度与国民经济增长速度趋于一致。

例如，在 20 世纪 50 到 80 年代，我国工业总产值平均每年递增 10.6%，公路营运汽车完成的货物周转量递增 13.6%，水运递增 12.6%，铁路递增 8.1%。从上述三种运输方式增长的情况可以看出，铁路货物周转量低于工业产值每年递增的速度，所以现在铁路运输紧张，从反面证明了这一发展势头。

2.货物平均运距发展的一般趋势

不论在工业化初期、中期或后期，货物平均运距一般都有延长的趋势。

（1）科学技术的飞速发展，使各种运输工具的技术经济性能不断改善，运输工具的平均经济运距在逐年延长。

（2）市场经济的发达使商品交流范围扩大，从而使货物的运距延长。

（3）运输基础设施不断完善。例如，高等级公路网的建成，使公路运输的运距延长；大型机场的建成通航，可以起降大型运输机而延长运距；全国通航河流渠化工程，采取统一最低水深标准,在流域之间尽可能用运河联结起来,可以使内河运距延长等。

(4)运输组织工作不断改进。

3.货物运输增长速度的一般趋势

货物周转总量:年平均增长率日趋降低,但年平均绝对增长量却日趋增加;

货运量:不论是年平均增长率还是年平均增长量,总的趋势是减退。

4.客运发展的一般趋势

(1)客运发展速度

我国客运的增长速度不一定是逐年递增,但保持在一个较高的增长速度水平上,每年的绝对增长量保持连续增长。随着我国改革开放进一步深入,市场经济的进一步发展,人民生活水平进一步提高,客运增长的趋势将更加明显。

(2)客运距离的发展趋势

随着我国生产力水平、生活水平的不断提高,以及城市文化程度和人口集中的加速,在客运总量中,中、近距离运输相对增加,总的平均运距有缩短的趋势。

(六)部分可替代性

不同的运输需求之间一般来讲是不能互相替代的,但是随着现代科学技术的发展,人们可以对不同的运输需求做出替代性的安排。例如,随着现代通信技术的发展,旅客流动的一部分可被其替代;煤炭的运输可以被长距离高压输电线路替代;在工业生产方面,当原料产地和产品市场分离时,人们可以通过生产位置,在运送原料还是运送产品或半成品之间做出选择。运输需求的这种部分可替代性是区位理论解决选址问题和国民经济重大工程项目进行技术经济分析的基础。

第二节 运输供给

一、运输供给的概念及特征

（一）运输供给的概念

运输供给是指运输生产者在某一时刻，在各种可能的运输价格水平上，愿意并能够提供的各种运输产品的数量。运输供给在市场上的实现要同时具备两个条件：第一，生产者有出售运输服务的愿望；第二，生产者有提供运输服务的能力。运输供给分两种情况：一种是单个运输生产者的供给；另一种是运输服务的市场总供给。在特定时间内，单个运输生产者愿意出售的运输产品的数量，是该运输产品价格和该运输生产者生产成本的函数。运输服务的市场总供给，表示在不同的价格下与之相应的这种运输服务的所有生产者所能提供的总量。运输服务的市场总供给不仅取决于单个生产者供给量的所有因素，还取决于市场中这种商品的生产者数量。

运输供给包含如下四方面的内容：

（1）运输供给量。运输供给量通常用运输工具的运输能力来表示，说明能够承运的货物和旅客的数量与规模。

（2）运输方式。运输方式包括铁路、公路、航空、水运和管道五种。

（3）运输布局。运输布局指各种运输方式的基础设施在空间的分布和活动设备的合理配备及其发展变化的状况。

（4）运输经济管理体制。运输经济管理体制是指指导交通运输业发展所相应建立的运输所有制结构、运输企业制度、运输资源配置方式以及相应的宏观调节机制、政策和法规等。

（二）运输供给的特征

交通运输业是一种特殊的产业，所以运输供给与一般商品和服务的供给相比，有很大的差异，具有不同于其他产业产品的特征。

1.运输产品的非储存性

交通运输业的生产活动是通过运输工具使运输对象发生空间位置的变化,而不生产新的物质产品。因此,运输产品的生产和消费是同时进行的,即运输产品不能脱离生产过程而单独存在,不能像一般工业品一样可以储存起来,这就是运输产品的非储存性。一般工业可以通过储存产品的形式来适应市场供需的变化,而运输产品的非储存性决定了交通运输业不能采取运输产品储备的形式,而只能采取运输能力储备的形式来适应运输市场的变化。

交通运输业有着固定设备多、固定资产投资大、投资回收期长等特点,运输能力的设计多按运输高峰的需求设计,具有一定的超前性,因而在短期内运输供给变动成本的比重较小,表现为短期成本曲线比较平缓,运输供给的价格弹性较大。运输能力的超前建设与运输能力的储备对运输市场来说,既可以适应市场需求增长的机遇,又可能因市场供过于求而产生风险。因为运输能力储备越大,承担的风险越大,适应市场需求的能力也越大;反之,承担的风险小,适应市场需求的能力也小。

2.运输供给的时空差异性

交通运输业是一种特殊的产业,其生产和消费过程是同时进行的。运输服务的生产过程,既是运输对象发生空间位置变化的过程,也是运输服务的消费过程,但这并不意味着运输产品的生产必定与运输产品的消费相结合,现实中生产与消费脱节的现象是不可避免的。例如,运输需求在运输时间上的规律性、在运输方向上的单向性、个别运输需求对运输工具的适应性等导致回程运力的浪费;为实现供需的时空结合,企业要经常付出空载行驶的代价等,这种由于供给与需求之间在时间、空间的差异性所造成的生产与消费的差异,使运输供给必须承担运力损失、空载行驶等经济上的风险。所以,运输活动的经济效果取决于供需在时间与空间的正确结合,这就要求运输企业必须掌握市场信息,搞好生产的组织与调整,运用科学的管理方法提高经营管理水平。

3.运输供给的成本转移性

与运输生产的时空差异带来运力浪费情况相反的是,运输供给能够在较大范围内超额生产,但并不带来成本的明显上升。这种情况在我国各种方式的旅客运输中较为普遍。交通运输业可以在成本增加很少的情况下,在需求允许时,增加供给量,但伴随而来的是运输条件的恶化,运输服务质量的下降,使得本该由运输企业承担的成本部分地转移到消费者身上。此外，运输供给的成本转移还体现在由运输活动带来的空气、水、噪声等环境污染，能源和其他资源的过度消耗，以及交通阻塞等，它们的成本消耗也部分地转移到运输企业的社会外部成本中。

4.运输供给具有一定的不可分性

作为社会基础设施的一部分，运输供给具有一定的不可分性。例如，运输建设一般需要数量巨大的投资并需要进行连续的投资，才能形成运输能力，因此运输供给在资金上具有不可分性；运输设施的设计、建造一般需要相当长时间，运输设施的寿命周期一般也很长，因此运输供给在时间上也具有一定的不可分性；从空间上的不可分性看，运输网络是一个整体，要为整个地区或整个国家服务，运输设施的能力一旦形成就很难在空间上转移，而运输服务的完成在很多情况下却是跨地区的，不应人为地加以分割；此外，交通运输业属于社会公共事业，为全社会的公众提供服务，且在某些情况下需由社会共同负担成本，因此在这方面显然也具有一定的不可分性。

5.运输供给的不平衡性

运输供给的不平衡主要表现在以下几点：第一，受运输市场运价和竞争状况影响，当运输市场繁荣时，刺激运力投入；当运输市场萧条时，迫使运力退出。第二，运输需求的季节性不平衡，导致运输供给出现高峰与低谷的悬殊变化。这两方面都带来运输供给在时间分布上的不平衡。第三，由于世界经济和贸易发展的不平衡性，运输供给在不同国家或地区之间也呈现出一定的不平衡性。经济发达国家或地区的运输供给量比较充分，而经济比较落后的国家或地区的运输供给量则相对滞后。运输供给的不平衡性在我国国内市场上表现得不很明显，而在国际市场上表现则非常突出。供给与需求的平衡是暂时的、相对的，而不平衡则是长期的、绝对的。

6.运输供给的可替代性和不可替代性并存

运输市场中有铁路、公路、航空、水运和管道五种运输方式及多个运输供给者存在，有时几种运输方式或多个运输供给者都能完成同一运输对象的空间位置的变化，于是这些运输供给方式之间存在一定程度的可替代性，这种可替代性构成了运输企业之间竞争的基础。但是，由于运输产品具有时间上的规定性和空间上的方向性，因此不同运输供给方式的替代性受到限制，各种运输方式的技术经济特征、发展水平、运输费用和在运输网中的分工也不同，可见运输方式之间的替代是有一定条件的。对于客运来说，旅客在旅行费用、服务质量、旅行速度之间进行权衡，选择运输方式；对于货运来说，运输费用、运输速度、方便程度是选择运输方式的依据。每种运输方式都可能在某一领域的运输供给上具有独占地位，形成一定程度的垄断。各种运输供给方式之间存在的复杂关系，使各种运输供给方式的关系往往难以确定，给运输市场供给的分析增加了难度。因而在分析运输供给的关系时，必须以具体的时空为研究条件，这也是为什么在进行运输成本和运价的研究时，必须具体计算确定到发地点之间的运输成本和运价的原因所在。所以，运输供给的可替代性和不可替代性是同时存在的，而且是有条件限制的。运输市场的供给之间既存在竞争也存在垄断。

二、运输影响因素分析

运输供给有赖于以下四个主要影响因素：

（一）技术因素

科学技术是推动社会发展的第一生产力，也是推动交通运输业发展的第一生产力。新型运输工具的出现、运输工具性能的重大改进，无一不是科技进步的结果。科学技术对于提高运输生产效率、降低运输成本、提高运输服务质量、提高生产的组织管理水平起着非常重要的作用。因此，科学技术的应用提高了运输供给的能力。

（二）运营策略

用技术来改善运输服务的方式取决于运营者的行为目标。例如，为了适应交通量的增加，就应提高管理水平、充分发挥原有的运输能力。运营者的行为也确定了运营成本被还原的程度及还原的方式，这是将运营成本转化为使用者成本（函数）的一种价格机制。

（三）政府机构的要求和限制

运营策略和价格政策常常要受到政府的调节和限制。例如，在一个被调节的运输方式中，运营者能够使用的价格策略有些是由政府制定的，有时甚至运输能力和使用的设备类型也由政府确定。

（四）使用者行为

运输供给的有些特征取决于运输系统中使用者的行为。货主选择的运输服务方式，选择的存储量、批量、频率和包装方式，常常确定了货运总成本。

这四个因素相互作用，导致了运输供给函数，它从使用者的角度描述了供给特征。

三、运输供需均衡分析

运输市场的均衡是指市场上各种对立、变动着的力量，在相互冲突、调整、运行过程中，出现相对力量相当、供给与需求处于暂时平衡的状态。

均衡分析就是从运输供给与运输需求两方面的作用关系来考察市场状态及其变化规律。根据所考察的对象与前提，均衡分析可以分为局部均衡分析和一般均衡分析。局部均衡分析是假定在其他条件不变的情况下，分析某一种类运输工具的供给与需求达到均衡的运动过程；一般均衡分析是假定在各货类和所有运输工具的总供给、总需求与运价相互影响的情况下，分析总供给与总需求同时达到均衡的运动过程。

供给与需求是决定运输市场行为的最基本的两种力量，它们之间的平衡是相对的，不平衡是绝对的。但是，市场作为一种有机体，总是存在着自行调节机制——市场运行机制。由于市场机制的自行调节，使供给和需求形成了某种规律性的运动，出现某种相对的均衡状态，即市场均衡。

（一）市场均衡的形成

所谓均衡，就是当运输需求和运输供给两种力量达到一致时，即处于均衡状态。运输的需求价格与供给价格相一致，这个价格称为均衡价格；运输需求量与供给量相一致，这个量称为均衡供求量，均衡价格一经确定，均衡供求量也相应确定。

在图 2-1 中，DD 和 SS 分别代表运输市场的需求曲线和供给曲线。根据运输市场的需求规律和供给规律，DD 曲线自左向右下方倾斜，表示需求量与运价的变化相反。SS 曲线自左向右上方倾斜，表示需求量与运价的变化相同。在采用均衡分析方法考察均衡运价和均衡供求量时，将它们代表的需求状况和供给状况假定为已知的和既定不变的。与 SS 的交点 E 为均衡点，表示当价格为 P_A 时，供给者愿意供给的能力（由 SS

表示出来）和使用者需求的供求量（由 DD 表示出来）恰好相等，这时运价在这个高度固定下来，不再有变动的趋势，称为运输市场达到均衡状态。

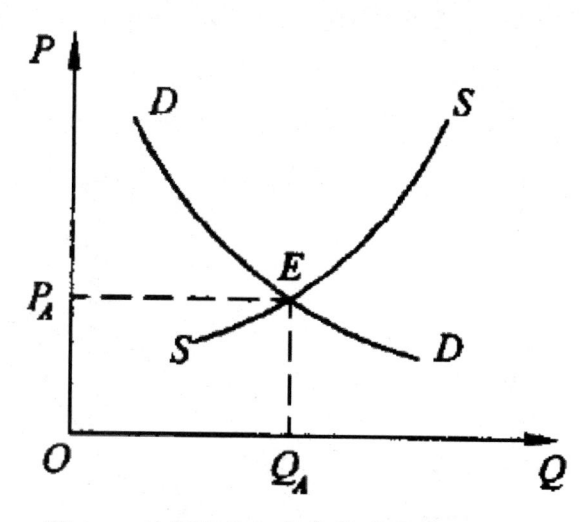

图 2-1　均衡运价与均衡供求量的关系

由图 2-1 我们可以看出，当运价高于均衡运价时，供给大于需求，运输能力过剩；反之，当运价低于均衡运价时，需求大于供给，运输能力紧张。

均衡运价是通过运输市场供需的自发调节而形成的。当市场运价背离均衡运价时，由于需求与供给曲线没有变化，也就是说该市场上的均衡点没有变，这样市场供需就会自发地发挥作用，促使运价又恢复到均衡运价的位置。

（二）运输市场均衡变动机制

当某种均衡形成之后，随着时间的变化，供给与需求的各种条件也会发生变化，这种均衡状态就会被打破，从而向新的均衡发展。从长期来看，运输市场的供需状况就是处于旧的均衡被打破，新的均衡被建立起来的动态过程中。均衡是暂时的、相对的，而不均衡是永恒的、绝对的。决定均衡状态变动的因素，就是那些使供给曲线与需求曲线发生位移的因素，即供给条件与需求条件。

1. 需求不变，供给变动对均衡点的影响

在图 2-2 中，DD 为需求曲线，S_0S_0 是原供给曲线，DD 与 S_0S_0 交于原均衡运价，P_0

是原均衡供求量。现假定供给影响因素发生变化，导致供给增加，使供给曲线S_0S_0向右移动到S_2S_2，S_2S_2与DD交于E_2，对应新的均衡运价P_2，均衡供求量Q_2，$P_2<P_0$，$Q_2>Q_0$，表明在需求不变的前提下，由于供给的增加使均衡运价下降，均衡供求量也增加。

假定由于供给影响因素发生变化导致供给减少，使供给曲线S_0S_0向左移动到S_1S_1与DD交于E_1，对应新的均衡运价P_1，均衡供求量Q_1，$P_1>P_0$，$Q_1<Q_0$，表明在需求不变的前提下，由于供给的减少使均衡运价上升，均衡供求量也减少了。

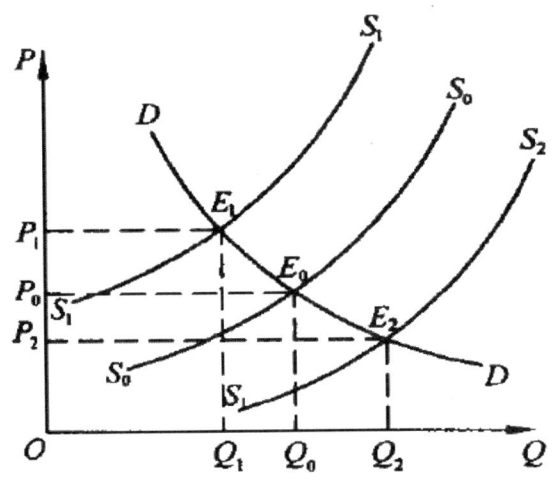

图2-2 需求不变，供给变动的运输供给曲线

2.供给不变，需求变动对均衡点的影响

在图2-3中，D_0D_0为原需求曲线，SS是供给曲线，D_0D_0与SS交于E_0，P_0是原均衡运价，Q_0是原均衡供求量，现假定由于需求影响因素发生变化导致需求增加，使需求曲线D_0D_0向上移动到D_1D_1，D_1D_1与SS交于E_1，对应新的均衡运价P_1，均衡供求量Q_1，$P_1>P_0$，$Q_1>Q_0$，表明在供给不变的前提下，由于需求的增加使均衡运价上升，均衡供求量也相应增加。

假定因需求影响因素发生变化导致需求增加，需求曲线D_0D_0向下移动到D_2D_2，D_2D_2与SS交于E_2，对应新的均衡运价P_2，均衡供求量Q_2，$P_2<P_0$，$Q_2<Q_0$，这表明在供给不变的前提下，由于需求的减少使均衡运价下降，均衡供求量也相应地减少。

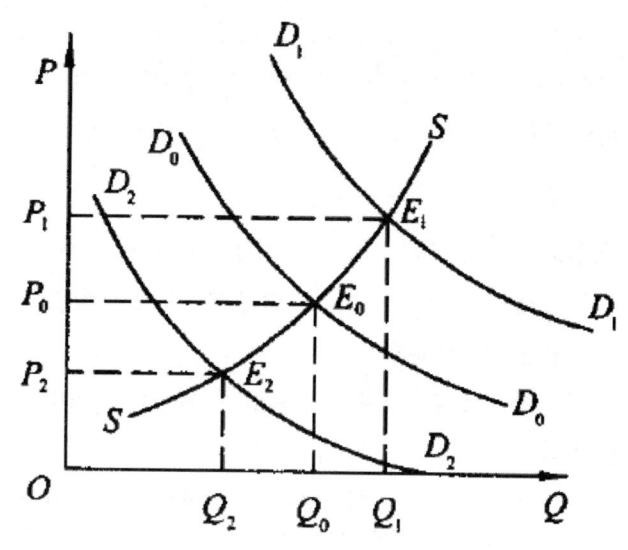

图 2-3　供给不变，需求变动的运输需求曲线

在运输市场中，需求与供给常常同时发生变动，此时均衡点的变动取决于需求与供给的变动方向和幅度。需求与供给有可能呈同方向变动，也有可能呈反方向变动。同方向变动时，可能同时增加，也可能同时减少；反方向变动时，可能需求增加、供给减少，也可能供给增加、需求减少。

可以用前两种情况的分析方法来分析需求与供给同时变动时均衡点的变动。

3. 运输市场运行机制

运输市场均衡的形成与变动过程是其基本的运行机制。通常，在供求条件不变的情况下，市场处于一定的稳定均衡状态。虽然不均衡是经常、大量出现的，但是通过运价与供求的相互冲突等作用，能够不断地恢复和维持均衡。

当供求之间出现矛盾，如供大于求时，势必导致运价的下跌，随着市场运价下跌，供给逐渐减少，需求逐渐增加；反之亦然。当供给与需求变动到一定程度，即两者趋于一致时，运输市场会出现供求平衡状态。然而，由于市场盲目冲击力的存在，市场不均衡—均衡—不均衡—均衡的过程是反复进行的。但是，在一定的供给和需求条件下，就必然能够形成和维持相对稳定的均衡，即稳定的均衡机制。

从长期来看，随着世界经济和国际贸易的发展，航运需求必然相应增长；科技进步、造船工业的发展也必然推动供给增加，供求条件发生变化，这就必定打破原有的均衡，引起新的供求冲突与矛盾。这一新的供求冲突与矛盾又会引起运价的波动。运价的变动，将会推动市场走向新的均衡。供给、需求和市场运价就是这样在相互影响、相互作用，推动运输市场形成稳定均衡、维持与稳定均衡被打破，从而形成新的均衡，这样周而复始的运动过程，就是以运价为自行调节的市场机制的动态运行过程。

4. 供需均衡与短缺

在完全自由竞争的市场经济中，运输市场均衡左右着运输系统内外部的关系。但是，对于有一定计划经济的市场，对交通运输这样一种基础设施的建设，还有运输短缺的因素在其中发挥着相当的作用。

短缺是匈牙利经济学家雅诺什·科尔奈提出并加以重点分析的一个经济概念。短缺作为需求与供给差异的一种表征，反映了一定经济条件下生产不能满足需求的滞后现象。这种短缺的结果不仅表现为数量上的不足，也表现为质量上的下降。在我国运输市场中，这种短缺现象尤为突出。

运输短缺作为供给的约束，表明许多地区得不到足够的物资补给，自身的产品不能送到市场，使经济蒙受损失。我国实行改革开放政策以来，严重的运输短缺成为经济增长的障碍，国家和各地方政府正积极努力，增加对运输的投入，提高运输能力。

在交通运输业内部，某种运输方式的短缺，还将引起运输需求在运输方式之间的转移或替代，这种需求的转移或替代会引起运输投入分配的变化，也会改变运输系统的格局。

第三章　物流运输组织与管理

第一节　物流运输组织概述

物流运输作为现代物流系统的重要组成部分，涉及货物的运输、仓储、配送等多个环节。其通过有效的组织和管理，实现了货物从生产地到消费地的空间转移，为我国经济发展提供了有力支撑。

一、物流运输的定义与重要性

物流运输作为现代经济活动的重要组成部分，承担着将各类货物从生产地运输到消费地的任务。这一过程涉及对各种运输工具和设施的运用，如卡车、火车、船舶、飞机以及管道等，并通过合理的运输方式，如公路运输、铁路运输、水路运输、航空运输和管道运输等，能够实现货物在空间上的有效位移。物流运输不仅涵盖了国内运输，还包括跨国界的国际运输，它在全球范围内建立起一个庞大的运输网络，使得资源得以高效分配，商品得以快速流通。

物流运输在供应链管理中扮演着至关重要的角色，它是连接生产、分配、交换和消费等经济活动环节的纽带。通过物流运输，生产者能够将产品迅速送达市场，满足消费者的需求；分销商能够及时补充库存，保证供应链的连续性；消费者则能够享受到多样化和及时的商品服务。此外，物流运输还能够促进区域间的经济协作，加强地区间的经济联系，推动区域经济的协调发展。

在经济效益方面，物流运输通过提高运输效率、降低运输成本，直接影响到企业和国家的经济效益。高效的物流运输可以减少商品的流通时间，降低库存成本，提高资金周转率，从而为企业创造更大的利润空间。同时，物流运输的发展也能够带动相关产业的发展，如交通运输设备制造业、物流服务业等，进一步促进就业和经济增长。

在促进区域协调发展方面，物流运输通过优化运输网络布局，改善区域间的运输条件，有助于缩小地区发展差距，促进区域经济的均衡发展。特别是在偏远地区和经济不发达地区，发展物流运输能够改善其基础设施，提高其对外界的通达性，从而带动当地经济的发展。

总之，物流运输是现代经济体系中不可或缺的一环，它不仅关系到商品和资源的流动，更是推动经济发展和社会进步的重要力量。随着科技的进步和全球化的发展，物流运输将继续发挥着重要作用，为我国经济的持续健康发展提供有力支撑。

二、物流运输组织的功能和目标

物流运输组织在现代经济活动中扮演着至关重要的角色，其主要功能涵盖了运输计划与调度、运输服务提供、运输设施建设与维护、运输安全监管等多个方面。这些功能的协同运行，确保了货物能够在安全、高效、低成本的环境下完成空间位移。

首先，运输计划与调度是物流运输组织工作的起点，它涉及对运输需求的预测、运输路线的规划、运输工具的配置以及运输时间的安排等。通过科学的运输计划与调度，物流运输组织能够确保货物在正确的时间、以正确的方式到达目的地，从而满足客户的需求。

其次，运输服务提供是物流运输组织的核心业务。这包括货物的装卸、运输、配送等环节，以及相关的增值服务，如包装、分拣、保险等。物流运输组织需要根据客户的具体需求，提供定制化的运输服务，确保货物在运输过程中的安全和完整。

此外，运输设施建设与维护是物流运输组织的重要任务。这涉及运输基础设施的建设，如公路、铁路、港口、机场等，以及运输工具的购置和维护，如卡车、船舶、飞机等。只有保持运输设施的良好状态，才能确保运输业务的正常运行。

最后，运输安全监管是物流运输组织的法定职责。物流运输组织需要遵守相关法律法规，实施运输安全管理制度，确保货物在运输过程中的安全。同时，还需要对运输活动进行监督和管理，防范和应对各种安全风险。

综上所述，物流运输组织的目标是在确保运输安全、提高运输效率、降低运输成本的基础上，满足客户需求，实现货物准时、准确、高效运输。

近年来，我国物流运输行业取得了显著成果。基础设施方面，公路、铁路、航空、水路等运输网络不断完善，运输能力大幅提升。运输组织方面，物流企业规模不断扩大，服务范围逐渐拓展，专业化、信息化水平不断提高。然而，我国物流运输行业仍面临一些挑战，如运输结构不合理、运输成本较高、运输效率有待提高等。

总之，物流运输组织在现代经济体系中具有重要地位。通过对物流运输组织的深入研究，有助于优化我国物流运输体系，提高物流效率，降低物流成本，促进经济持续健康发展。

三、物流运输组织的主要业务

物流运输组织的主要业务涵盖了运输业务、仓储业务和配送业务三个方面。这些业务相互关联，共同构成了物流运输组织的核心功能。

（一）运输业务

运输业务是物流运输组织的核心业务之一，它涉及货物的空间位移，为生产、分配、交换和消费等环节提供重要支持。根据运输方式、货物种类和客户需求的不同，运输业务可以分为以下几种：

1.零担运输

零担运输主要针对小批量、多品种的货物。这种运输方式通过将不同客户的货物拼车运输，降低了运输成本。零担运输适用于服装、电子产品、日用品等小件货物的运输。

2.整车运输

整车运输针对大批量的货物，采用整车的方式进行运输，提高了运输效率。整车运输适用于家具、建材、机械设备等大宗货物的运输。

3.快递运输

快递运输主要针对小件、高时效性的货物，采用快速、门到门的方式进行运输。

快递运输适用于文件、包裹、电商商品等急需送达的货物。

4.大宗货物运输

大宗货物运输针对大宗、散装的货物，如煤炭、矿石等，采用专业化的运输工具和方式进行运输。大宗货物运输适用于矿产、农产品、建材等大宗货物的运输。

5.冷链运输

冷链运输针对需要保持低温状态的货物，如冷冻食品、医药产品等，采用冷藏车辆和设施进行运输。冷链运输确保了货物在运输过程中的温度稳定，保证了货物的品质和安全。

综上所述，物流运输组织的运输业务涵盖了零担运输、整车运输、快递运输、大宗货物运输和冷链运输等多种类型。这些运输业务根据货物的特点和客户需求进行合理选择，以确保货物能够安全、准时、高效地送达目的地。物流运输组织应不断提升运输业务的效率和服务质量，以满足市场和客户的需求。

（二）仓储业务

仓储业务是物流运输组织的重要组成部分，它涉及货物的储存、管理和流通，对于保证物流系统的高效运行具有至关重要的作用。仓储业务主要包括以下几方面：

1.仓储设施

仓储设施是储存和保护货物的物理基础，包括仓库、货架、托盘等。仓库的选址、设计和建设应充分考虑货物的特性、存储要求以及运输的便利性。货架和托盘等设施的选择和使用，可以提高仓库的空间利用率，优化货物的存储方式。

2.仓储管理

仓储管理是确保货物安全、准确、高效流动的关键，包括货物的入库、出库、盘点等工作。入库管理是确保货物及时准确地入库；出库管理是保证货物能够按时准确地送达目的地；盘点工作有助于实时掌握库存情况，避免库存积压和短缺。

3.库存控制

库存控制是通过合理的库存管理，对库存水平进行有效控制，以降低库存成本，提高库存周转率。这需要物流运输组织对市场变化、货物销售情况以及供应链运作有深入的了解，以便作出准确的库存决策。

4.分拣与包装

分拣与包装是仓储业务中的重要环节，它涉及对货物进行分拣、打包、标记等工作。分拣是根据货物的目的地和客户需求，对货物进行分类和挑选的过程。包装则是为了保护货物在运输和储存过程中的安全，同时便于识别和搬运。

5.物流配送

物流配送是根据客户需求，将货物从仓库配送到指定地点，实现货物的流通和交付。这需要物流运输组织具备高效的配送网络和配送能力，能够及时响应客户的需求，提供优质的配送服务。

（三）配送业务

配送业务是物流运输组织的末端环节，它涉及货物的末端运输和交付，对提升客户满意度和物流效率具有重要意义。配送业务主要包括以下几种：

1.城市配送

城市配送是针对城市内的货物配送，采用小型运输工具和灵活的配送方式，满足客户需求。城市配送面临着交通拥堵、配送地址复杂等挑战，因此需要采用高效的城市配送策略，如优化配送路线、使用智能调度系统等，以提高配送效率和降低成本。

2.农村配送

农村配送是针对农村地区的货物配送，采用适合农村地形的运输工具和配送网络，提供便捷的服务。农村地区交通条件相对较差，配送难度较大，因此需要根据农村地区的实际情况，选择合适的配送方式和工具，如小型货车、摩托车等，以提高配送的可及性和便利性。

3.国际配送

国际配送是针对跨国贸易的货物配送，采用国际物流渠道和合作伙伴，实现货物的跨境运输。国际配送涉及不同国家的法律法规、海关清关、货币结算等问题，因此需要具备国际物流经验和专业知识，以确保货物的安全和准时送达。

4.电子商务配送

电子商务配送是针对电子商务平台的货物配送，采用快速、准确的配送方式，满足消费者的购物需求。电子商务配送需要与电商平台紧密合作，实现订单信息的实时共享和配送过程的透明化管理，以提高配送速度和准确性。

5.逆向物流

逆向物流是针对退货、回收等逆向物流需求，提供退货运输、回收处理等服务，实现资源的循环利用。逆向物流涉及退货原因分析、退货流程优化、回收处理方式选择等问题，因此需要建立完善的逆向物流体系，以降低退货成本，提高资源利用效率。

综上所述，配送业务是物流运输组织的重要环节，它涉及货物的末端运输和交付。同时，还要关注配送业务的环保性能，推动绿色配送的发展，减少配送活动对环境的影响。

四、物流运输组织的发展趋势

随着科技的进步和市场需求的变化，物流运输组织正面临着一系列新的发展趋势。这些趋势将对物流运输组织的管理模式、服务方式和发展方向产生深远影响。物流运输主要有以下几个发展趋势：

（一）智慧物流

智慧物流是物流运输组织发展的必然趋势，它代表着物流运输行业的未来方向。通过应用物联网、大数据、云计算等先进技术，智慧物流实现了物流运输的智能化、自动化和高效化，为物流运输组织带来了前所未有的发展机遇。以下是智慧物流的几个特点：

1.智能化

智慧物流通过物联网技术，实现了对运输工具、货物和仓库的实时监控和管理。通过传感器、RFID、GPS 等技术，物流运输组织能够实时掌握货物和车辆的位置、状态等信息，实现智能化的调度和优化。

2.自动化

智慧物流通过自动化技术，实现了货物的自动识别、分拣、包装和搬运等操作。自动化设备的使用，如自动化仓库系统、无人驾驶车辆等，提高了物流运输组织的作业效率，降低了人力成本。

3.高效化

智慧物流通过大数据和云计算技术,实现了运输业务的实时分析和优化。通过对大量数据的挖掘和分析,物流运输组织能够预测市场需求,优化运输路线,提高运输效率,降低运营成本。

4.灵活性

智慧物流使物流运输组织能够更加灵活地应对市场需求和变化。通过智能化的调度和优化,物流运输组织能够快速调整运输计划,满足客户的个性化需求。

5.快捷性

智慧物流通过提高运输效率和优化物流流程,实现了货物的快速流通。物流运输组织能够为客户提供更加快捷的运输服务,满足市场对速度的要求。

(二)跨境电商

随着全球电子商务的快速发展,跨境电商已经成为一种重要的商业模式。这为物流运输组织带来了新的机遇和挑战,跨境电商物流应运而生,成为物流运输组织的新兴业务领域。以下是跨境电商物流的几个关键点:

1.国际物流网络建设

跨境电商物流需要构建全球范围内的物流网络,包括海外仓、边境仓、配送中心等。物流运输组织应加强与国外物流企业的合作,实现国际物流网络的互联互通,为客户提供一站式、高效的物流解决方案。

2.跨国运输能力

跨境电商物流涉及跨国界的货物运输,需要具备较强的跨国运输能力。物流运输组织应优化运输路线,采用高效的运输工具,提高跨国运输的效率和安全性。

3.报关清关服务

跨境电商物流涉及不同国家的法律法规、海关清关等问题。物流运输组织应具备专业的报关清关服务能力,为客户提供便捷、快速的报关清关服务,确保货物顺利通关。

4.多样化物流服务

跨境电商物流需求多样化，物流运输组织应提供包括仓储、包装、配送、退货处理等一站式物流服务，以满足不同客户的个性化需求。

5.信息化建设

跨境电商物流需要强大的信息化支持，物流运输组织应建立完善的信息化系统，实现订单处理、库存管理、运输跟踪等环节的实时监控和管理，提高物流运输的透明度和效率。

6.数据分析与挖掘

跨境电商物流需要对大量数据进行分析与挖掘，以预测市场需求、优化运输路线、提高运输效率。物流运输组织应加强大数据分析能力，为客户提供更具价值的物流服务。

（三）绿色物流

绿色物流是物流运输组织实现可持续发展的重要途径。在全球环境问题日益严峻的背景下，绿色物流已成为物流运输组织关注的重要议题。以下是绿色物流的几个关键点：

1.环保型运输工具和设施

物流运输组织应积极推广使用环保型运输工具和设施，如电动车辆、天然气车辆等，以减少运输过程中的能源消耗和排放。此外，优化运输工具的运行效率，提高运输工具的燃油经济性，也是降低环境影响的重要手段。

2.优化运输线路

合理规划运输线路，避免长时间拥堵和绕行，可以有效降低能源消耗和排放。物流运输组织应运用先进的运输管理系统和地理信息系统，实现运输线路的实时优化，提高运输效率。

3.减少包装材料

优化包装方案，减少包装材料的浪费和使用，是绿色物流的重要组成部分。物流运输组织应推广使用可循环、可降解的包装材料，降低包装废弃物对环境的影响。

4.废弃物回收和资源利用

加强废弃物的回收和资源利用，实现物流运输活动的闭环循环。物流运输组织应建立废弃物回收体系，提高废弃物的回收率，降低资源浪费。

5.绿色仓储

在仓储环节，物流运输组织应采用绿色仓储技术，如屋顶绿化、节能照明等，降低仓储设施的能源消耗。此外，合理规划仓储空间，提高仓储效率，也有助于降低物流运输对环境的影响。

6.绿色物流理念

物流运输组织应树立绿色物流理念，将环保、节能、减排等理念融入物流运输活动的各个环节。通过绿色物流理念的推广和实践，引导物流运输行业向更加环保、可持续的方向发展。

综上所述，绿色物流是物流运输组织实现可持续发展的关键。物流运输组织应积极推广环保型运输工具和设施，优化运输线路，减少能源消耗和排放，降低物流运输对环境的影响。同时，加强废弃物回收和资源利用，推动物流运输组织的绿色发展。通过绿色物流的实践，物流运输组织将为全球环境保护和可持续发展作出贡献。

（四）供应链金融

供应链金融是物流运输组织拓展服务领域、提升竞争力的重要方向。在全球经济一体化的大背景下，供应链金融为物流运输组织带来了新的发展机遇。以下是供应链金融的几个关键点：

1.融资服务

物流运输组织可以通过与金融机构合作，为客户提供融资服务。这可以帮助客户解决资金短缺问题，提高资金周转效率，维护供应链的稳定运行。

2.结算服务

物流运输组织可以为客户提供便捷的结算服务，包括电子支付、在线结算等。这有助于加快结算速度，降低结算成本，提高供应链的运作效率。

3.保险服务

物流运输组织可以与保险公司合作，为客户提供货物运输保险、仓储保险等保险服务。这有助于降低客户在运输过程中可能面临的风险，保障供应链的安全运行。

4.供应链优化

物流运输组织可以利用供应链金融手段，对供应链进行优化。通过合理的资金安排和风险管理，提高供应链的运作效率，降低运营成本。

5.信息共享

物流运输组织应与金融机构、客户、供应商等各方建立信息共享机制，实现供应链金融信息的实时传递和更新。这有助于各方更好地了解供应链的运行状况，提高决策效率。

6.绿色供应链金融

物流运输组织应关注绿色供应链金融的发展，通过提供绿色融资、绿色保险等服务，支持绿色、低碳的供应链运作。这有助于推动供应链的可持续发展，降低环境污染。

综上所述，物流运输组织应与金融机构紧密合作，为客户提供融资、结算、保险等金融服务，帮助客户解决资金问题，提高供应链的运作效率。同时，还要关注供应链金融的环保性能，推动绿色供应链金融的发展，促进供应链的可持续发展。

第二节 物流运输组织系统构成

一、物流运输组织的基本构成

物流运输组织的基本构成主要包括运输基础设施、运输工具和运输人员三个部分。这三个部分相互配合，共同构成了一个高效、有序的物流运输系统。

（一）运输基础设施

运输基础设施是物流运输系统的基石，它为运输工具和货物的流动提供了必要的物质条件和保障。一个完善和高效的运输基础设施网络，对于促进经济发展、提高物流效率、降低运输成本具有重要意义。以下是几种主要的运输基础设施：

1.公路运输设施

公路运输设施是物流运输系统中最为广泛的一种，包括国道、省道、县道等各级公路，以及高速公路、桥梁、隧道等设施。公路运输设施的建设和维护，直接影响货物的流通速度和成本。在我国，公路运输设施的建设已经取得了显著成果，但仍需进一步优化和提升，以满足不断增长的物流需求。

2.铁路运输设施

铁路运输设施包括铁路线路、车站、编组站、货场等设施。铁路运输具有运输能力大、运输成本低、运输效率高等优点，尤其适合大宗货物的长距离运输。近年来，我国铁路运输设施得到了快速发展，高速铁路和重载铁路的建设，进一步提高了铁路运输的效率和竞争力。

3.水上运输设施

水上运输设施包括内河航道、港口、码头等设施。水上运输具有运输成本低、运输能力大、环保等优点，尤其适合大宗货物的长距离运输。我国拥有丰富的水运资源，长江、珠江等内河航道以及沿海港口的建设，为水上运输提供了良好的条件。

4.航空运输设施

航空运输设施包括机场、跑道、航站楼、货运站等设施。航空运输具有运输速度快、运输效率高、服务范围广等优点，尤其适合高价值、时效性强的货物的运输。随着我国经济的快速发展和对外开放的不断加深，航空运输的需求持续增长，航空运输设施的建设也取得了显著成果。

5.管道运输设施

管道运输设施包括输油管道、输气管道、输水管道等。管道运输具有运输成本低、运输效率高、安全可靠等优点，尤其适合液体、气体等特殊货物的运输。我国石油、天然气等资源的开发和利用，离不开管道运输的支持。因此，管道运输设施的建设和维护，对于保障国家能源安全和经济发展具有重要意义。

综上所述，各种运输基础设施的建设和维护，直接影响物流运输的效率、成本和服务水平。因此，我国应继续加大对运输基础设施的投资和建设力度，以提升物流运输系统的整体运行效率。

（二）运输工具

运输工具是物流运输系统中实现货物空间位移的核心，它们承担着将货物从起始地运输至目的地的任务。根据不同的运输方式和需求，运输工具可以分为以下几种：

1.公路运输工具

公路运输工具是物流运输系统中最为常见的一种，包括卡车、拖车、挂车等。它们具有很高的灵活性和便捷性，适合于中短距离的货物运输。在我国，公路运输工具的发展已经取得了显著成果，公路运输网络覆盖全国各地，为货物的流通提供了有力保障。

2.铁路运输工具

铁路运输工具包括火车、机车、货车等。

3.水上运输工具

水上运输工具包括船舶、驳船、游轮等。

4.航空运输工具

航空运输工具包括飞机、直升机等。

5.管道运输工具

管道运输工具包括输油泵、压缩机等。我国石油、天然气等资源的开发和利用，离不开管道运输工具的支持。

综上所述，运输工具是物流运输系统中实现货物空间位移的关键。各种运输工具的选择和应用，需要根据货物的性质、运输距离、时效要求等因素进行综合考虑。我国应继续加大对运输工具的研发和投入，以提高物流运输系统的整体运行效率。

（三）运输人员

运输人员是物流运输系统中不可或缺的组成部分，他们承担着运输工具的操作、调度、维修等重要职责，确保货物能够安全、准时地送达目的地。他们的专业素养和技能水平直接影响物流运输的效率和服务质量。以下是几种主要的运输人员：

1. 驾驶员

驾驶员是物流运输一线的工作人员，包括卡车司机、火车司机、船舶驾驶员等，主要负责驾驶各种运输工具。他们需要具备良好的驾驶技能和安全意识，以保证货物在运输过程中的安全和准时送达。随着物流运输行业的快速发展，对驾驶员的需求也在不断增长，他们的技能培训和素质提升成为行业关注的重点。

2. 调度员

调度员是物流运输中的关键岗位，包括运输调度员、车站调度员等，主要负责运输计划的制定和调度。他们需要具备良好的组织协调能力和决策能力，以确保运输计划的合理性和高效性。调度员的工作直接影响货物的运输效率和成本，因此他们在物流运输组织中起着至关重要的作用。

3. 维修人员

维修人员包括汽车修理工、火车修理工等，主要负责运输工具的维修和保养。他们需要具备专业的维修技能和知识，以确保运输工具能保持良好运行状态。维修人员的工作不仅关系到货物的安全运输，还直接影响物流运输的可靠性和成本效益。因此，维修人员的技能培训和设备更新是物流运输组织的重要任务。

4. 仓储管理人员

仓储管理人员包括仓库管理员、物流中心经理等，主要负责货物的仓储和管理工作。他们需要具备良好的库存管理能力和物流知识，以确保货物的安全储存和高效流通。仓储管理人员的工作直接影响货物的交付速度和客户满意度，因此他们在物流运输组织中起着关键作用。

5. 客服人员

客服人员负责客户咨询、投诉处理等工作，如客服代表、客户经理等。他们需要具备良好的沟通能力和服务意识，以提供优质的客户服务。客服人员的工作不仅关系到客户满意度，还直接影响物流运输组织的声誉和业务发展。因此，客服人员的培训和服务水平提升是物流运输组织的重要任务。

综上所述，物流运输组织应重视运输人员的招聘、培训和发展，以提高整体的服务质量和效率。同时，还应关注运输人员的工作环境和福利待遇，激发他们的工作积极性和创造力，为物流运输行业的持续发展提供人力支持。

二、物流运输组织的管理与决策

物流运输组织的管理与决策是确保运输业务高效、安全、低成本运行的关键之一。主要包括运输计划与调度、信息化管理和质量管理与风险控制三个方面。

（一）运输计划与调度

运输计划与调度是物流运输组织中的关键环节，它直接影响运输业务的效率和质量。以下是运输计划与调度主要包括的内容：

1.运输需求分析

运输需求分析是运输计划与调度的起点，通过对客户需求的分析，确定运输业务的目标和任务。这需要物流运输组织对客户的货物类型、数量、运输距离、时效要求等方面进行深入了解，以便制订出合理的运输计划。

2.运输线路优化

运输线路优化是指根据货物的起始地和目的地，选择最优的运输线路，提高运输效率。这需要考虑多种因素，如路况、运输工具的性能、货物特性等，以确定最短、最快或成本最低的运输线路。

3.运输能力配置

运输能力配置是指根据运输需求，合理配置运输工具和设施，确保运输任务的完成。这需要考虑运输工具的数量、类型、状态等因素，以实现运输能力的最大化利用。

4.车辆调度

车辆调度是指对运输车辆进行合理安排和调度，以提高车辆利用率，降低运输成本。这需要考虑车辆的运行状态、载货情况、行驶路线等因素，以实现车辆的高效运行。

5.成本控制

成本控制是指通过有效的成本管理，降低运输成本，提高物流运输组织的盈利能力。这需要对运输成本进行全面的监控和分析，采取措施降低不必要的成本支出，如优化运输路线、提高运输工具的运行效率等。

（二）信息化管理

信息化管理是物流运输组织提高管理效率和服务质量的重要手段。它是指通过应用先进的信息技术，实现运输和仓储业务的智能化管理。以下是信息化管理主要包括的内容：

1.运输管理系统

运输管理系统是物流运输组织信息化管理的核心，它实现了运输业务的在线管理，包括订单处理、车辆调度、运输跟踪等。通过运输管理系统，物流运输组织能够实时监控运输过程，提高工作效率，降低运输成本。

2.仓储管理系统

仓储管理系统是物流运输组织信息化管理的重要组成部分，它实现了仓储业务的在线管理，包括库存管理、货品追踪、库位优化等功能。通过仓储管理系统，物流运输组织能够精确掌握库存情况，提高库存管理的准确性，减少库存积压和缺货情况。

3.地理信息系统

地理信息系统是物流运输组织信息化管理的重要工具，它通过地图和空间数据技术，实现运输线路的优化和货物追踪。通过地理信息系统，物流运输组织能够根据实时路况和历史数据，选择最优的运输路线，提高运输效率。

4.电子数据交换

电子数据交换是物流运输组织信息化管理的重要手段，它通过电子方式实现与客户、供应商之间的信息共享和协同工作。通过电子数据交换，物流运输组织能够实现订单、运单、库存等信息的实时更新和共享，提高供应链的协同效率。

5.物联网技术

物联网技术是物流运输组织信息化管理的前沿技术，它通过传感器、RFID、GPS等技术，实现运输工具和货物的实时监控和管理。通过物联网技术，物流运输组织能够实时追踪货物的位置和状态，提高运输安全性，防止货物丢失和损坏。

综上所述，物流运输组织应积极采用信息化管理技术，建立完善的信息化管理体系，以提高运输和仓储业务的效率和质量，提升客户满意度和物流运输组织的竞争力。

（三）质量管理与风险控制

质量管理与风险控制是物流运输组织保障运输安全和提高服务质量的重要手段，它涉及运输过程中的各个环节，确保运输活动的安全、可靠和高效。以下是质量管理与风险控制主要包括的内容：

1.运输安全管理

运输安全管理是物流运输组织质量管理与风险控制的核心，其通过制定安全管理制度和措施，确保运输过程中的人身和财产安全。这需要物流运输组织对运输过程中的安全风险进行识别和评估，并采取相应的预防措施，如加强驾驶员的安全培训、定期检查运输工具等。

2.货物保险

为了降低货物在运输过程中的风险和损失，物流运输组织可以通过购买货物保险来转移风险。

3.紧急应对与救援

物流运输组织需要建立紧急应对和救援机制，以应对突发事件和紧急情况，降低损失。这包括制定应急预案、建立救援队伍、储备应急物资等，确保在突发事件发生时能够迅速响应和处理。

4.客户服务与投诉处理

为了提高客户满意度，物流运输组织需要建立完善的客户服务体系，及时处理客户投诉和建议。这包括设立客户服务热线、建立投诉处理机制、定期收集客户反馈等，以便及时解决客户问题，提升服务质量。

5.环境保护与绿色物流

物流运输组织应采用环保措施和绿色物流理念，以降低物流运输对环境的影响。这包括选择环保型运输工具、优化运输路线、减少包装材料的使用、提高运输效率等，以实现物流运输活动的可持续发展。

综上所述，质量管理与风险控制是物流运输组织保障运输安全和提高服务质量的重要手段。物流运输组织应建立完善的质量管理与风险控制体系，采取有效的措施和方法，确保运输活动的安全、可靠和高效。

三、运输管理

运输管理是物流运输组织系统的核心环节，它涉及货物的空间位移和时间安排。有效的运输管理能够提高运输效率，降低运输成本，保障货物安全和时效。以下是运输管理的几个关键方面：

（一）路线规划与调度

路线规划与调度是运输管理的重要任务，它涉及确定最优运输路径和安排运输时间。合理的路线规划和调度可以减少运输距离，节省运输时间，提高运输效率。此外，合理安排运输时间和车辆，可以提高车辆利用率，降低运输成本。

为了实现最优运输路径和确定时间，物流运输组织需要考虑多种因素，如货物的起始地和目的地、货物类型和重量、路况、交通规则等。通过运用先进的运输管理系统和地理信息系统，物流运输组织可以对运输路线进行实时分析和优化，选择最短、最快或成本最低的运输路线，以提高运输效率。

合理安排运输时间和车辆也是路线规划与调度的重要内容。物流运输组织应根据货物的特性和需求、运输距离、时效要求等因素，合理规划运输时间，确保货物能够安全、准时地送达目的地。同时，合理调度运输车辆，避免车辆空驶和长时间等待，可以提高车辆利用率，降低运输成本。

此外，物流运输组织还应关注运输过程中的动态变化，如交通拥堵、事故等情况，及时调整运输路线和时间，以应对突发事件，保证运输活动的顺利进行。通过不断优化路线规划和调度，物流运输组织能够提高运输效率，降低运输成本，提升客户满意度。

（二）货物跟踪与监控

货物跟踪与监控是运输管理的关键环节，它涉及实时监控货物的状态，保障运输安全和时效。通过对货物跟踪与监控，物流运输组织能够及时了解货物位置、状态等信息，有效预防和应对货物丢失、损坏等风险。

为了实现对货物的实时追踪和监控，物流运输组织需要采用物联网技术和 GPS 定位系统。物联网技术通过在货物上安装传感器和 RFID 标签，实现对货物状态的实时监测和数据采集。GPS 定位系统则能够准确获取货物位置信息，为物流运输组织提供实时、准确的货物追踪服务。

此外，货物跟踪与监控还有助于提高运输时效，提升客户满意度。通过实时了解货物状态，物流运输组织能够准确预测货物到达时间，为客户提供及时的物流服务。同时，对货物进行跟踪与监控也有助于物流运输组织内部管理和决策，如优化运输路线、调整运输计划等。

为了确保货物跟踪与监控的顺利进行，物流运输组织还需要建立完善的数据分析和管理体系。通过对采集到的货物数据进行分析和挖掘，物流运输组织能够发现潜在的问题和风险，及时采取措施进行应对。

综上所述，货物跟踪与监控是运输管理的关键环节。货物跟踪与监控还有助于提高运输时效，提升客户满意度，推动物流运输组织内部管理和决策的优化。

（三）成本控制

成本控制是运输管理的重要目标，它涉及通过优化运输策略和提高效率降低运输成本。物流运输组织应采用先进的运输管理系统，实现运输业务的在线管理和优化。通过运输成本的实时监控和分析，物流运输组织能够发现成本优化的机会，采取措施降低不必要的成本支出，如优化运输路线、提高运输工具的运行效率等。

为了实现有效的成本控制，物流运输组织需要对运输成本进行全面的监控和分析。这包括运输工具的燃油消耗、折旧费用、维修成本、人工成本等方面的数据。通过实时收集和分析这些数据，物流运输组织能够准确了解运输成本的构成和变动情况，发现成本优化的潜在机会。

优化运输路线是降低运输成本的有效手段。例如，通过分析货物的起始地和目的地、路况、交通规则等因素，选择最短、最快或成本最低的运输路线，以降低运输成本。

提高运输工具的运行效率也是降低运输成本的重要措施。物流运输组织应关注运输工具的性能和状态,定期进行维护和保养,确保运输工具能够以最佳状态运行。

(四)法律法规遵守

法律法规遵守是运输管理的基本要求,它涉及确保运输操作符合相关法律法规和行业标准。物流运输组织应建立完善的法律法规遵守体系,对运输人员进行相关法律培训,确保运输活动合法合规。通过遵守法律法规,物流运输组织能够降低法律风险,提高运输活动的安全性和可靠性。

为了确保运输操作符合法律法规和行业标准规定,物流运输组织需要建立完善的法律法规遵守体系。这包括制定内部规章制度,明确运输操作的法律法规要求,对运输人员进行法律法规培训,确保运输人员了解和遵守相关法律法规。

法律法规培训是确保运输人员了解和遵守法律法规的关键。物流运输组织应定期组织法规培训,涵盖运输操作的法律法规、行业标准、安全操作规程等内容。通过法律法规培训,运输人员能够了解自己的权利和义务,遵守法律法规,降低运输过程中的法律风险。

此外,物流运输组织还应建立法规监督和检查机制,定期对运输操作进行检查,确保运输活动的合法合规。通过法规监督和检查,物流运输组织能够及时发现和纠正运输过程中的违法行为,保障运输活动的安全性和可靠性。

法律法规遵守还有助于提高物流运输组织的声誉和信誉。通过严格遵守法律法规和行业标准,物流运输组织能够赢得客户的信任和合作,提升市场竞争力。同时,法律法规遵守也有助于物流运输组织内部的管理和决策,如优化运输路线、调整运输计划等。

综上所述,运输管理是物流运输组织系统的核心环节,包括路线规划与调度、货物跟踪与监控、成本控制和法律法规遵守等方面。物流运输组织应不断提升运输管理水平,通过优化运输策略、提高运输效率、降低运输成本、确保运输安全等方式,为客户提供优质的运输服务,提升物流运输组织的竞争力和可持续发展能力。

四、信息技术在物流运输中的应用

信息技术在物流运输中的应用已经变得越来越重要,它可以帮助物流运输组织提高效率、降低成本、提高服务质量。以下是信息技术在物流运输中的几个关键应用：

（一）电子数据交换

电子数据交换（Electronic data interchange，EDI）是一种通过电子方式交换商业文档的方法，它可以帮助加速订单处理和文档流通。

电子数据交换系统能通过计算机网络将商业文档，如订单、发票、运输单据等，自动传输给客户和供应商。这种电子化的文档交换方式可以大大减少传统的手工处理时间，提高文档流通的速度和效率。物流运输组织可以利用电子数据交换系统实时接收订单信息，快速响应客户需求，缩短订单处理周期。

通过电子数据交换，物流运输组织还能够与客户和供应商实现信息共享和协同工作。例如，当客户下订单时，物流运输组织可以立即收到订单信息，并根据订单要求进行运输计划的制订和调度。同时，供应商也可以通过电子数据交换系统实时了解物流运输组织的运输计划和库存情况，以便及时安排生产和供应。

此外，通过电子数据交换系统，物流运输组织可以自动接收、处理和传输商业文档，减少人工干预，降低人为错误。例如，通过电子数据交换系统自动核对订单和运输单据，避免手工处理时可能出现的错误，提高数据准确性。

总之，电子数据交换是物流运输组织提高订单处理效率和文档流通速度的重要手段。通过实现与客户和供应商之间的信息共享和协同工作，以及实现自动化和智能化，电子数据交换可以帮助物流运输组织降低错误率，提高运输效率和服务质量。物流运输组织应积极采用 EDI 技术，提升信息技术的应用水平，以适应市场需求的变化，提升竞争力和可持续发展能力。

（二）运输管理系统

运输管理系统（Transportation management system，TMS）是一种用于优化运输操作和成本的信息系统。它可以帮助物流运输组织实现运输计划的实时调整、运输过程的监控和货物追踪等。通过运输管理系统，物流运输组织可以实现运输路线的优化、车辆调度的高效管理、运输成本的实时监控等，从而提高运输效率，降低运输成本。

运输管理系统通过计算机网络和数据库技术，实现运输业务的在线管理和优化。它可以帮助物流运输组织实时接收订单信息，并根据订单要求进行运输计划的制订和调整。通过运输管理系统，物流运输组织可以合理规划运输路线，避免拥堵和绕行，提高运输效率。

运输管理系统还可以实现车辆调度的高效管理。通过实时监控车辆的位置和状态，运输管理系统可以根据货物需求和车辆情况，合理分配运输任务，提高车辆利用率，降低运输成本。

货物追踪是运输管理系统的重要功能之一。通过在货物上安装射频识别（RFID）标签或传感器，物流运输组织可以实时了解货物的位置和状态，确保货物在运输过程中的安全。货物追踪功能还有助于提高运输时效，提升客户满意度。

为了充分发挥运输管理系统的优势，物流运输组织需要对其进行定期维护和升级。这包括对系统软硬件的检查和更新，对运输人员进行系统操作培训，确保运输管理系统能够稳定运行，提供准确的数据支持。

总之，运输管理系统是物流运输组织提高运输效率和降低运输成本的重要手段。通过实现运输计划的实时调整、运输过程的监控和货物追踪等功能，运输管理系统可以帮助物流运输组织优化运输路线、高效管理车辆调度、实时监控运输成本。

（三）全球定位系统

全球定位系统（Global positioning system，GPS）是一种用于提供实时位置追踪和路线规划的技术。通过全球定位系统，物流运输组织可以实现对货物的实时追踪和监控，了解货物位置和状态，确保运输安全。此外，全球定位系统还可以帮助物流运输组织实现运输路线的优化，避免拥堵和绕行，提高运输效率。

全球定位技术通过卫星信号接收器，获取货物的实时位置信息。物流运输组织可以在运输车辆或货物上安装全球定位系统接收器，实时了解货物的位置和状态。这样，物流运输组织可以随时掌握货物动态，确保货物在运输过程中的安全。同时，通过货物追踪功能，物流运输组织还可以及时发现异常情况，如货物丢失、损坏等，并采取相应措施进行处理。

除了实时追踪和监控货物，全球定位系统还可以帮助物流运输组织实现运输路线的优化。通过分析卫星信号和道路数据，全球定位系统能够为物流运输组织提供最优的运输路线。这意味着物流运输组织可以避免拥堵和绕行，节省运输时间和成本。此外，通过实时获取路况信息，物流运输组织还可以及时调整运输计划，应对突发状况，如交通事故、道路施工等，确保运输活动的顺利进行。

为了充分发挥技术的优势，物流运输组织需要对其进行定期维护和升级。这包括对全球定位系统设备的检查和更换，确保设备稳定运行。同时，物流运输组织还应加强员工培训，提高他们对全球定位系统技术的理解和操作能力。

五、物流配送策略

物流配送策略是物流运输组织提高运输效率、降低成本、提升客户满意度的重要手段。以下是物流配送策略的几个关键方面：

（一）直接配送

直接配送是从生产地直接运输至消费点的配送方式，它有助于减少中转时间，提高运输效率。通过直接配送，物流运输组织可以避免货物多次装卸和运输，降低运输成本，同时减少货物在运输过程中的损耗。直接配送适用于距离较近、需求量较大的情况，能够为客户提供更加快速、高效的配送服务。在这种情况下，直接配送可以充分发挥其优势，为客户提供更加快速、高效的配送服务。例如，对于同城配送、区域配送等需求，直接配送可以实现快速响应，满足客户对时效性的要求。

为了实现直接配送的高效运作，物流运输组织需要优化配送路线，合理规划运输时间和车辆。通过采用先进的运输管理系统和地理信息系统，物流运输组织可以实现配送路线的实时优化和调整，确保货物能够安全、准时地送达目的地。

（二）集中配送

集中配送是通过集中处理中心统一分发的配送方式，它能够提高运输效率，降低运输成本。物流运输组织可以将多个订单集中在一起，通过批量运输和统一分发，实现运输资源的优化配置。集中配送适用于需求分散、订单量大的情况，能够提高物流运输组织的运输能力和服务水平。集中配送可以充分发挥其优势，提高物流运输组织的运输能力和服务水平。例如，对于电商平台的物流配送，集中配送可以实现订单的批量处理和统一分发，提高配送效率，降低配送成本。

为了实现集中配送的高效运作，物流运输组织需要建立完善的集中处理中心。集中处理中心应具备订单处理、货物分拣、打包、仓储等功能，能够实现订单的快速处理和货物的高效分发。

（三）多式联运

多式联运是结合不同运输方式的优势，降低成本，提升灵活性的配送策略。物流运输组织可以利用公路、铁路、水路、航空等多种运输方式，根据货物的特性和需求，选择最合适的运输方式，实现货物的快速、高效配送。多式联运有助于提高运输效率，降低运输成本，同时提供更加灵活的运输方案，满足客户多样化的需求。

多式联运的优势在于它能够结合不同运输方式的优势，实现货物的快速、高效配送。通过公路、铁路、水路、航空等多种运输方式的有机结合，物流运输组织可以根据货物的特性和需求，选择最合适的运输方式，实现货物的快速、高效配送。例如，对于大宗货物，可以选择铁路或水路运输方式；对于高价值、时效性强的货物，可以选择航空运输方式。

多式联运有助于提高运输效率，降低运输成本。通过不同运输方式的有机结合，物流运输组织可以充分利用各种运输方式的优点，实现货物的快速、高效配送。例如，通过公路运输将货物运输到最近的铁路或水路港口，再通过铁路或水路运输到目的地，从而实现运输成本的最优化。

多式联运还可以提供更加灵活的运输方案，满足客户多样化的需求。通过结合不同运输方式，物流运输组织可以为客户提供多样化的运输方案，满足客户对运输速度、成本、服务等方面的不同需求。例如，对于跨国贸易的货物配送，多式联运可以实现货物的跨境运输，满足客户对运输范围和运输方式的不同需求。

（四）"最后一公里"配送

"最后一公里"配送是解决配送链最后阶段的配送问题，提升顾客满意度的关键。物流运输组织需要关注"最后一公里"配送的效率和服务质量，确保货物能够安全、准时地送到客户手中。"最后一公里"配送可以通过优化配送路线、使用小型运输工具、提升配送人员服务水平等方式，提高配送效率，提升客户满意度。

"最后一公里"配送的重要性在于它是配送链的最后阶段，直接关系到客户对物流服务的感知和满意度。物流运输组织需要在这一阶段提供高效、优质的服务，以满足客户对时效性和服务品质的要求。

为了提高"最后一公里"配送的效率和服务质量，物流运输组织可以采取以下措施：

1.优化配送路线

通过采用先进的运输管理系统和地理信息系统，物流运输组织可以实现配送路线的实时优化和调整；通过合理规划配送路线，可以避免拥堵和绕行，提高配送效率，缩短配送时间。

2.使用小型运输工具

根据配送区域的特点和需求，物流运输组织可以选择合适的小型运输工具，如电动车、摩托车等。小型运输工具具有灵活性高、适应性强等特点，能够提高配送效率，降低配送成本。

3.提升配送人员服务水平

物流运输组织应加强对配送人员的培训和管理，提高他们的服务意识和专业技能。通过提升配送人员服务水平，提高客户满意度，增强物流运输组织的品牌形象。

4.创新配送模式

物流运输组织应探索和实践创新的配送模式，如即时配送、预约配送等。创新配送模式可以满足客户对时效性和个性化服务的需求，提升物流运输组织的竞争力。

5.加强信息化建设

通过建立完善的信息系统，物流运输组织可以实现订单处理、配送计划、货物追踪等环节的实时监控和管理。信息化建设有助于提高"最后一公里"配送的透明度和效率。

第三节　物流运输组织的工作程序与管理

物流运输组织是现代供应链管理中的关键组成部分，它涉及货物的运输、仓储、配送等多个环节。

一、物流运输组织的工作程序

物流运输组织的工作程序是确保货物安全、高效、准时运输的关键。物流运输组织工作程序包括：需求分析与规划、合同管理与合作伙伴选择、运输资源的配置、货物装载与运输、跟踪与监控、收货与交付、后勤与反馈。

（一）需求分析与规划

物流运输组织首先需要对客户的物流需求进行详细的分析，这是物流运输工作的起点。需求分析包括对货物的类型、数量、体积、重量、目的地等信息的全面了解。例如，货物可能是易碎品、危险品、冷冻食品等，它们对运输方式和条件有不同的要求。此外，货物数量和体积决定了运输工具的需求，重量则影响着运输成本和方式。

在了解了客户的物流需求后，物流运输组织需要根据这些信息制订合理的运输计划。这个计划应包括选择合适的运输方式，如公路、铁路、水路、航空或管道运输。每种运输方式都有其优势和适用场景，因此选择最合适的运输方式对提高运输效率和降低成本至关重要。

（二）合同管理与合作伙伴选择

在确定了运输计划后，物流运输组织需要选择合适的运输供应商，并与之签订运输合同。选择供应商时应考虑其服务质量、运输能力、价格等因素。合同中应明确双方的权利和义务，确保运输过程的顺利进行。

选择合适的运输供应商是物流运输组织工作的关键环节。供应商的服务质量直接影响货物的运输安全和时效。因此，物流运输组织应选择具有良好信誉、丰富经验和高强服务能力的供应商。此外，供应商的运输能力也是选择的重要因素。物流运输组织应选择能够满足运输需求、具有足够运输工具和人力资源的供应商。

价格是选择供应商的另一个重要因素。物流运输组织应根据货物的特性和需求、运输距离、时效要求等因素，与供应商进行价格谈判，争取最合理的价格。然而，价格并不是唯一考虑的因素。物流运输组织还应综合考虑供应商的服务质量、运输能力等因素，选择性价比最高的供应商。

在选择了合适的供应商后，物流运输组织需要与供应商签订运输合同。合同是双方权利和义务的法律依据，对于确保运输过程的顺利进行至关重要。合同中应明确货物的类型、数量、体积、重量、目的地等运输信息，运输方式、路线规划、运输时间安排等运输计划，以及价格、支付方式、责任划分等商务条款。此外，合同还应包含违约责任、争议解决等条款，以保障双方的合法权益。

（三）运输资源的配置

根据运输计划，物流运输组织需要对运输资源进行合理的配置，包括车辆、人员及设备的分配与管理。确保运输资源能够满足运输需求，提高运输效率。

运输资源的配置是物流运输组织工作的关键环节。合理的资源配置能够提高运输效率，降低运输成本，提升客户满意度。以下是运输资源配置的几个关键点：

1. 车辆配置

应根据货物的特性和运输需求，选择合适的车辆类型和数量。例如，对于易碎品，应选择封闭式、有防震装置的车辆；对于大宗货物，应选择大型货车。同时，应考虑车辆的运行状态、燃油经济性等因素，确保车辆能够高效运行。

2. 人员配置

应根据运输任务的需求，合理分配驾驶员、调度员、维修人员等；对人员进行专业培训，提高他们的业务能力和服务水平；同时，应关注人员的工作环境和福利待遇，激发他们的工作积极性和创造力。

3. 设备配置

应根据运输任务的需求，配备必要的运输设备，如装卸设备、仓储设备等；设备应定期进行检查和维护，确保设备正常运行，提高运输效率。

4.信息技术的应用

应利用先进的运输管理系统和信息技术,实现运输资源的实时监控和管理。例如,通过数据分析,发现资源配置的优化机会,提高资源利用效率。

5.运输网络的优化

应合理规划运输网络,实现货物的快速、高效流通。例如,通过优化运输网络,提高运输资源的配置效率,降低运输成本。

(四) 货物装载与运输

货物装载是运输过程中的重要环节。物流运输组织需要根据货物的特性和运输工具的承载能力,选择合适的装载方法和保护措施。同时,物流运输组织应根据运输计划和路况,合理规划运输路线,确保运输过程的顺利进行。

货物装载方法的选择取决于货物的特性和运输工具的承载能力。此外,还应考虑货物的堆叠方式、装载密度等因素,以提高运输工具的装载效率。

在货物装载过程中,还应采取相应的保护措施,如使用货架、托盘、防潮垫等,以防止货物在运输过程中受到损坏。对于特殊货物,如危险品、冷冻食品等,还应遵守相关法规和标准,采取专业的装载和保护措施。

(五) 跟踪与监控

物流运输组织应采用先进的信息技术,如 GPS 定位系统、物联网技术等,实时追踪货物运输状态。通过实时监控,确保货物安全到达目的地,并及时发现和处理运输过程中的异常情况。

实时追踪货物运输状态是物流运输组织工作的关键环节。通过采用全球定位系统和物联网技术,物流运输组织能够实时获取货物位置、速度、行驶状态等信息,确保货物安全到达目的地。此外,这些技术还可以帮助物流运输组织实现运输路线的优化,避免拥堵和绕行,提高运输效率。

实时监控不仅包括对货物运输状态的追踪,还包括对运输过程中的异常情况进行及时发现和处理。例如,当货物在运输过程中发生异常情况,如温度异常、震动加剧等,物流运输组织通过实时监控,能够及时收到报警,从而采取相应措施进行处理,确保货物安全。

(六) 收货与交付

货物到达目的地后，物流运输组织需要进行收货检验，确保货物数量、质量和状态符合要求。然后，将货物安全、准时地交付给客户，完成整个运输过程。

收货检验是物流运输组织工作的关键环节。货物在运输过程中可能会受到各种因素的影响，如天气、交通等，导致货物数量、质量和状态发生变化。

收货检验包括对货物数量、质量和状态的检查。物流运输组织应采用先进的技术手段，如扫描仪、称重设备等，对货物进行准确的计量和检测。同时，还应通过目视检查、气味检测等方式，对货物的外观、包装、完整性等进行检查，确保货物符合质量要求。

在收货检验合格后，物流运输组织需要将货物安全、准时地交付给客户。这包括对货物的卸载、搬运、摆放等操作，确保货物能够顺利到达客户指定的地点。同时，物流运输组织还应提供相应的服务，如提供包装箱、提供搬运工具等，以满足客户的需求。

此外，物流运输组织还应与客户进行沟通和协调，确保货物交付的顺利进行。物流运输组织应提前与客户进行联系，告知货物到达时间、地点等信息，并协助客户进行货物的接收和验收。

(七) 后勤与反馈

运输完成后，物流运输组织应主动收集客户反馈，了解运输服务的质量和客户满意度。对客户提出的意见和建议进行分析和与处理，不断优化运输服务，提升客户满意度。

收集客户反馈是物流运输组织工作的关键环节。客户反馈能够提供关于运输服务质量和客户满意度的第一手信息，能够帮助物流运输组织发现存在的问题和不足，并采取相应的改进措施。

物流运输组织应采用多种方式收集客户反馈，如在线调查问卷、电话回访、现场访谈等方式。同时，物流运输组织还应建立客户反馈的收集和处理机制，确保客户反馈能够及时、准确地收集和分析。

对客户反馈进行分析是物流运输组织工作的重点。物流运输组织应建立数据分析团队，对收集到的客户反馈进行深入分析和挖掘，找出客户不满意的原因和存在的问题，为改进运输服务提供依据。

处理客户反馈是物流运输组织工作的关键。物流运输组织应对客户反馈中提出的问题和建议进行认真处理，制定相应的改进措施，并监督实施。对于客户提出的问题，物流运输组织应尽快解决，并向客户反馈处理结果，提升客户满意度。

优化运输服务是物流运输组织工作的持续过程。物流运输组织应根据客户反馈，不断优化运输服务，提升客户满意度。例如，通过改进运输路线规划、提高运输效率、提升客户服务水平等方式，提升客户满意度。

总之，这些环节相互关联，共同构成物流运输组织的工作流程。物流运输组织应不断优化工作程序，提高运输效率和服务质量，以满足客户需求，实现货物安全、高效、准时运输。

二、物流运输组织的管理策略

物流运输组织的管理策略是确保运输服务高效、安全、低成本的关键之一。物流运输组织的管理策略主要包括成本管理、风险管理、质量控制、客户服务管理。

（一）成本管理

成本管理是物流运输组织的重要策略之一。其主要有优化运输路线（是降低运输成本的有效手段）、提高运输工具的运行效率（是降低运输成本的重要措施）、降低包装材料的使用（是提高运输效率和降低成本的重要手段）等方式。总之，成本管理是物流运输组织的重要策略之一。

（二）风险管理

风险管理是物流运输组织确保运输安全的重要策略。物流运输组织应识别、评估和控制运输过程中的风险，如货物丢失、损坏、运输事故等。通过制定安全管理制度和措施、购买货物保险、建立紧急应对和救援机制等方式，物流运输组织可以降低运输过程中的风险和损失。

1.识别风险

识别风险是风险管理的第一步。物流运输组织应对运输过程中的潜在风险进行全面识别,包括货物在运输、仓储、装卸等环节可能遇到的风险。这需要物流运输组织对运输业务有深入了解,并关注行业动态,以便及时发现新出现的风险。

2.评估风险

评估风险是风险管理的第二步。物流运输组织应对识别出的风险进行评估,确定其可能造成的损失和影响程度。评估风险有助于物流运输组织确定风险管理的优先级,合理分配资源,采取有效的控制措施。

3.控制风险

控制风险是风险管理的最终目标。物流运输组织应根据风险评估结果,采取相应的控制措施,降低风险发生的可能性和损失程度。例如,制定安全管理制度和措施,加强驾驶员的安全培训、定期检查运输工具等,以降低运输过程中的风险。购买货物保险可以转移风险,减轻物流运输组织在货物丢失、损坏等情况下的经济损失。建立紧急应对和救援机制,如制定应急预案、建立救援队伍、储备应急物资等,可以帮助物流运输组织在突发事件和紧急情况下迅速应对,降低损失。

(三)质量控制

质量控制是物流运输组织确保运输服务满足质量标准的关键策略。物流运输组织应建立完善的质量管理体系,包括运输计划与调度、运输服务提供、运输设施建设与维护等方面的质量控制。通过质量控制,物流运输组织可以确保货物安全、准时、高效地运输,提升客户满意度。

1.运输计划与调度

运输计划与调度是质量控制的重要环节。物流运输组织应制订合理的运输计划,确保货物能够安全、准时地运输。同时,通过科学的调度,物流运输组织可以优化运输路线、提高运输工具的运行效率,从而提高运输服务的质量。

2.运输服务提供

运输服务提供是质量控制的关键。物流运输组织应关注运输服务的全过程,包括货物的装卸、运输、配送等环节。通过提高服务人员的专业素养和服务水平,物流运输组织可以确保运输服务的质量和效率。

运输设施建设与维护是质量控制的基础。物流运输组织应关注运输设施的建设和维护，确保运输设施的安全性和可靠性。

（四）客户服务管理

客户服务管理是物流运输组织提高客户满意度、建立良好客户关系的重要策略。物流运输组织应建立完善的客户服务体系，包括客户咨询、投诉处理、售后服务等方面。通过提供优质的客户服务，物流运输组织可以赢得客户的信任和合作，提升市场竞争力。

1. 建立客户咨询渠道

建立客户咨询渠道是提供优质客户服务的基础。物流运输组织应设立客户服务热线、在线客服等咨询渠道，为客户提供及时、专业的咨询服务。此外，物流运输组织还应提供多样化的咨询方式，如电话、邮件、社交媒体等，以满足不同客户的需求。

2.投诉处理

投诉处理是客户服务管理的关键环节。物流运输组织应建立完善的投诉处理机制，对客户提出的意见和建议进行认真处理。物流运输组织应设立专门的投诉处理部门，配备专业的投诉处理人员，对客户投诉进行及时、有效的响应和处理。

3.售后服务

售后服务是物流运输组织提供优质客户服务的重要手段。物流运输组织应建立完善的售后服务体系，为客户提供及时、专业的售后服务。例如，为客户提供退货、换货、维修等服务，以满足客户的需求，提升客户满意度。

综上所述，物流运输组织的管理策略包括成本管理、风险管理、质量控制、客户服务管理等方面。物流运输组织应根据市场需求和客户需求，采取有效的管理策略，提高运输效率和服务质量，降低运输成本和风险，建立良好的客户关系，实现可持续发展。这是物流运输组织提供优质服务的前提，也是赢得客户信任和提高市场竞争力的关键。

第四章　物流运输成本与运输价格

第一节　物流运输成本及其影响因素

物流运输成本是企业在物流运输过程中所发生的全部费用，它包括运输工具的燃油费、折旧费、维修费、人工费等。物流运输成本是企业运营成本的重要组成部分，对企业的营利能力和市场竞争力的影响不容忽视。

一、直接成本

物流运输成本是物流运输组织运营过程中的一项重要支出，它直接影响物流运输组织的盈利能力和市场竞争力的提升。物流运输的直接成本因素主要有以下几点：

（一）燃料费用

燃料费用是物流运输成本中的重要组成部分，特别是对于公路运输而言。在物流运输成本中，燃料费用占据了相当大的比重。这是因为运输工具在运输过程中需要消耗大量的燃料，尤其是在长途运输中，燃料费用是主要的成本之一。

油价的波动对运输成本有着直接的影响。油价的上涨会导致燃料费用的增加，从而提高整体运输成本。当油价上升时，物流运输组织需要承担更高的燃料费用，这会压缩物流运输组织的利润空间，甚至影响其运营的可持续性。

因此，物流运输组织需要关注油价的变化，合理控制燃料费用的支出。这包括在油价较低时适当储备燃料，以减少成本支出；同时，物流运输组织还可以通过优化运输路线、提高运输效率等措施，降低燃料消耗，从而降低燃料费用。

此外，物流运输组织还可以考虑采用节能环保的运输工具，如电动车辆等，以减少对燃料的依赖，降低燃料费用。通过采用新能源和节能技术，物流运输组织可以有效降低运输成本，提高运营效率。

总之，燃料费用是物流运输成本中的重要组成部分，对物流运输组织的运营成本有着直接的影响。物流运输组织需要关注油价的变化，合理控制燃料费用的支出，以降低整体运输成本，提高市场竞争力和盈利能力。同时，物流运输组织还应积极寻求降低成本的途径，如优化运输路线、提高运输效率、采用节能减排技术等，从而实现物流运输成本的有效控制。

（二）车辆维护与折旧费

车辆是物流运输组织的重要资产，它们在运输过程中承担着将货物从起始地运输到目的地的任务。因此，车辆的维护和折旧费用在运输成本中占据着重要比重。合理的车辆维护和更新策略对降低运输成本具有重要意义。

首先，定期进行车辆维护和保养是降低运输成本的关键。通过定期维护和保养，可以及时发现并解决车辆存在的问题，防止潜在的故障和事故，提高车辆的运行效率。此外，定期维护和保养还可以延长车辆的使用寿命，降低更换车辆的频率，从而降低折旧成本。

其次，合理规划车辆的更新周期也是降低车辆维护与折旧费用的重要措施。车辆的更新周期应根据车辆的运行状况、技术状况和市场情况等因素进行综合考虑。过早更新车辆会导致资源的浪费，而过晚更新则可能导致车辆性能的下降，增加维修成本和运输风险。因此，物流运输组织需要根据实际情况合理规划车辆的更新周期，以减少折旧支出。

此外，物流运输组织还可以通过优化车辆的使用和管理，降低车辆的维护和折旧费用。例如，合理调度车辆，避免过度使用和闲置，可以延长车辆的使用寿命，降低折旧成本。同时，采用先进的车辆管理系统，如车辆监控系统、车辆维护管理系统等，可以实时监控车辆的运行状况，及时发现并解决问题，提高车辆的运行效率，降低维修成本。

总之，车辆维护与折旧是物流运输成本中的重要组成部分。通过合理的车辆维护和更新策略，物流运输组织可以提高车辆的运行效率，降低维修成本和折旧支出。这有助于降低整体运输成本，提高物流运输组织的市场竞争力和盈利能力。因此，物流运输组织应重视车辆维护与折旧的管理，采取有效措施降低运输成本。

（三）司机与工作人员工资

司机与工作人员工资即人力资源成本，其是物流运输成本的重要组成部分。在物流运输组织中，司机和其他工作人员的工资水平对运输成本有着直接的影响。合理的工资水平对吸引和留住优秀人才，提高运输效率和服务质量具有重要意义。

物流运输组织需要根据市场情况和自身能力，合理设定工资水平，这包括对市场工资水平进行调查和分析，了解行业标准和竞争对手的薪酬政策。根据自身业务规模、财务状况和发展战略，物流运输组织应设定具有竞争力的工资水平，以吸引和留住优秀人才。

同时，物流运输组织还应关注工资结构的优化。合理的工资结构应包括基本工资、绩效工资、奖金、福利等。基本工资应确保员工的基本生活需求，绩效工资和奖金则与员工的绩效和贡献挂钩，从而激励员工提高工作效率和服务质量。福利措施如社会保险、医疗保险、员工培训等，可以提供员工的归属感和忠诚度。

此外，物流运输组织还应通过提高运输效率和服务质量，降低人力资源成本的比重。这包括优化运输路线、提高运输工具的运行效率、采用先进的信息技术等。通过提高运输效率和服务质量，物流运输组织可以减少对人力资源的依赖，降低工资支出在总成本中的比重。

总之，司机与工作人员工资是物流运输成本的重要组成部分。通过提高运输效率和服务质量，物流运输组织可以降低人力资源成本的比重，从而降低整体运输成本，提高市场竞争力和盈利能力。物流运输组织应重视人力资源成本的管理，采取有效措施优化工资结构和提高员工绩效，以实现成本控制和可持续发展。物流运输组织还应关注员工的职业发展，提供晋升机会和培训课程，以激发员工的工作积极性和创造力。通过关注员工的需求和发展，物流运输组织能够建立一支高效、稳定的员工队伍，进一步提升运输效率和服务质量，降低人力资源成本。

（四）运输保险费用

运输保险是物流运输组织防范运输风险的重要手段。在物流运输过程中，货物和车辆可能面临多种风险，如火灾、盗窃、碰撞等。通过购买运输保险，物流运输组织可以将这些潜在风险转移给保险公司，降低运输过程中的经济损失。

不同类型的保险产品，如货物保险、车辆保险等，对运输成本有着不同的影响。货物保险旨在赔偿货物在运输过程中发生的损失，包括全部损失、部分损失和盗窃损失等。车辆保险则涵盖车辆自身的损失和第三者责任，如碰撞、火灾、盗窃等。

物流运输组织需要根据自身业务特点和风险承受能力，选择合适的保险产品。例如，对于价值较高、易损易腐的货物，应购买相应的货物保险；对于运输工具和司机，应购买车辆保险和人身意外伤害保险。此外，物流运输组织还应关注保险合同的细节，如保险范围、赔偿限额、免赔额等，以确保保险产品的适用性和经济性。

在选择保险产品时，物流运输组织还应考虑保险公司的信誉和服务质量。选择一家具有良好信誉和优质服务的保险公司，有助于在发生保险事故时获得及时、高效的理赔服务。同时，物流运输组织还应与保险公司保持良好的沟通与合作，共同防范和应对运输过程中的风险。

总之，运输保险费用是物流运输成本的重要组成部分，物流运输组织应根据自身业务特点和风险承受能力，选择合适的保险产品，并与保险公司保持良好的合作关系，以保障运输活动的安全和稳定。同时，物流运输组织还应关注保险费用的优化，通过合理规划保险产品组合和保险合同，降低保险费用在运输成本中的比重。

二、间接成本因素

物流运输成本除了直接成本因素外，还包括间接成本因素。间接成本因素的主要内容有以下几点：

（一）管理费用

管理费用是物流运输组织在运输过程中进行管理与监督所产生的成本，包括物流运输组织对交通运输业务的规划、组织、协调、控制等方面的成本。管理费用的高低直接影响物流运输组织的运营效率和服务质量，物流运输组织应通过优化管理流程、提高管理效率、采用先进的管理方法和技术等方式，降低管理费用的支出。

管理费用的优化需要从多个方面入手。首先，物流运输组织应优化管理流程，简化管理环节，提高管理流程的顺畅性和效率。通过优化管理流程，可以减少不必要的管理环节和时间消耗，降低管理成本。

其次，物流运输组织应提高管理效率，这包括对管理人员的培训和素质提升，提高他们的专业素养和管理能力。通过提高管理效率，可以减少管理人员的数量和时间消耗，降低管理成本。

此外，物流运输组织还应采用先进的管理方法和技术。现代管理方法和技术，如供应链管理、运输管理系统、仓储管理系统等，可以帮助物流运输组织实现运输业务的在线管理、优化运输路线、提高运输效率等服务。通过采用先进的管理方法和技术，可以提高管理的准确性和效率，降低管理成本。

总之，通过有效管理费用的控制，物流运输组织可以提高运营效率和服务质量，增强市场竞争力。

（二）信息系统与技术投入

现代物流信息技术在物流运输组织中发挥着重要作用。信息系统与技术投入主要包括物流运输组织在信息化建设、技术研发、设备购置等方面的成本。物流运输组织应根据自身业务需求和发展战略，合理规划信息系统与技术投入，以实现成本控制和业务发展。

信息化建设是物流运输组织信息系统与技术投入的基础。物流运输组织应建立完善的信息系统，实现运输业务的在线管理、订单处理、货物追踪等功能。通过信息化建设，物流运输组织可以提高运输业务的透明度和效率，降低管理成本。

技术研发是物流运输组织信息系统与技术投入的关键。物流运输组织应关注先进物流信息技术的研发和应用，如物联网技术、大数据技术、人工智能技术等。通过技术研发，物流运输组织可以实现运输业务的智能化、自动化，从而提高运输效率和服务质量。

合理规划信息系统与技术投入是物流运输组织实现成本控制和业务发展的关键。物流运输组织应根据自身业务需求和发展战略，制定信息系统与技术投入的规划，明确投入的重点领域、资金安排和实施步骤。通过合理规划，物流运输组织可以实现信息系统与技术投入的效益最大化，提高运输效率和服务质量。

总之，现代物流信息技术在物流运输组织中发挥着重要作用。

（三）仓储与物流中心费用

仓储与物流中心费用是物流运输组织在提供运输服务过程中与仓储服务相结合所产生的成本，包括物流运输组织在仓储设施建设、仓储管理、物流中心运营等方面的成本。仓储与物流中心费用对物流运输组织的整体成本和运营效率有着重要影响。物流运输组织应通过优化仓储布局、提高仓储效率、采用先进的仓储管理技术等方式，降低仓储与物流中心费用的支出。

优化仓储布局是降低仓储与物流中心费用的重要手段。物流运输组织应根据自身业务特点和市场需求，合理规划仓储设施的布局。通过优化仓储布局，可以提高仓储设施的利用率和运营效率，降低仓储成本。

提高仓储效率是降低仓储与物流中心费用的关键。物流运输组织应加强仓储管理，采用先进的仓储管理技术，如仓储管理系统、自动化仓库系统等，实现仓储业务的在线管理和优化。通过提高仓储效率，可以减少人工操作时间，降低仓储成本。

采用先进的仓储管理技术是降低仓储与物流中心费用的有效途径，通过采用先进的仓储管理技术，可以实现仓储业务的智能化、自动化，提高仓储效率和服务质量。

（四）损耗与破损成本

运输过程中货物损耗与破损会对物流运输组织产生一定的经济损失，导致成本提高。这包括货物在运输、装卸、仓储等环节发生的损耗和破损。损耗与破损成本是物流运输组织需要关注的重要成本因素。为了降低损耗与破损成本，物流运输组织应通过加强货物保护措施、提高员工操作技能、优化运输路线等方式，减少货物在运输过程中的损耗和破损。

加强货物保护措施是降低损耗与破损成本的关键。物流运输组织应根据货物的特性和价值，采取相应的保护措施，如使用防震包装、定制专用货架、加强货物固定等。此外，物流运输组织还应关注运输工具的安全性能，如车辆的安全带、货箱的封闭性等，以减少货物在运输过程中的损坏风险。

提高员工操作技能是降低损耗与破损成本的重要措施。物流运输组织应对员工进行专业的操作培训,提高他们在运输、装卸、仓储等环节的操作技能和安全意识。通过提高员工操作技能,可以减少因操作不当导致的货物损耗和破损。

优化运输路线是降低损耗与破损成本的有效手段。物流运输组织应根据货物的特性和运输需求,合理规划运输路线,避免拥堵和绕行。

三、外部环境成本

物流运输组织在运营过程中,会受到外部环境的影响。外部环境成本主要有以下几点:

(一)政策与法规

政府政策、税收及环保法规对物流运输组织的影响是显著的。首先,政府政策会影响物流运输组织的运营模式和成本结构。政府政策包括对物流运输行业的扶持政策、限制政策等。这些政策可能会影响物流运输组织的运输方式、运输工具的选择以及运输网络的布局等,从而影响到物流运输组织的运营模式和成本结构。

其次,税收政策直接影响物流运输组织的财务状况。税收政策包括对物流运输行业的税收优惠、税收减免等。这些税收政策会直接影响物流运输组织的税负,进而影响到其财务状况和盈利能力。

最后,环保法规的实施也会对物流运输组织产生影响。环保法规包括对运输工具排放标准的要求、对废弃物处理的规定。这些环保法规的实施可能会要求物流运输组织使用环保型运输工具、优化运输路线,从而增加物流运输组织的运营成本。

因此,物流运输组织需要密切关注政府政策、税收及环保法规的变化,并根据这些变化及时调整自身的运营模式和成本结构。通过合理的应对措施,物流运输组织可以减轻外部环境因素对其运营的影响,提高自身的竞争力和盈利能力。

(二)市场需求波动

市场需求波动是影响物流运输组织成本的一个重要因素。季节性、经济周期等因素会导致运输需求的波动,进而影响物流运输组织的运输成本。例如,在旺季时,物流运输组织可能需要增加运输能力和资源投入,以满足市场需求,从而导致成本上升。

季节性因素是指由于季节变化导致的运输需求波动。例如,在节假日、购物季等时期,消费者对商品的需求增加,导致物流运输组织需要增加运输能力和资源投入,以满足市场的需求。这种季节性的运输需求波动会导致物流运输组织的成本相应增加。

经济周期因素是指由于经济周期的变化导致的运输需求波动。在经济繁荣时期,企业生产增加,消费者需求上升,导致物流运输组织需要增加运输能力和资源投入,以满足市场的需求;相反,在经济衰退时期,企业生产减少,消费者需求下降,物流运输组织就需要减少运输能力和资源投入,以应对市场需求的变化。

此外,市场需求波动还会受到突发事件、政策变化等因素的影响,这些因素可能会导致运输需求在短时间内大幅波动,给物流运输组织带来成本上的压力。

因此,物流运输组织需要密切关注市场需求波动,并采取相应的应对措施。在市场需求增加时,物流运输组织可以通过增加运输能力和资源投入来满足市场需求,但同时也要注意成本的控制。在市场需求减少时,物流运输组织可以通过调整运输能力和资源投入,以应对市场需求的变化,降低成本。

总之,市场需求波动是影响物流运输组织成本的一个重要因素。物流运输组织需要关注季节、经济周期等因素导致的运输需求波动,并采取相应的应对措施,以实现成本控制和业务发展。

(三)国际油价波动

国际油价波动对国内运输成本有着直接影响。由于物流运输组织在运输过程中需要消耗大量的燃料,油价的波动会直接影响到物流运输组织的燃料成本。国际油价上涨可能导致国内油价上涨,进而提高物流运输组织的运输成本。

国际油价的波动主要受到全球政治、经济、市场供需等因素的影响。例如,产油国的政治动荡、石油产量变化、全球经济状况等都会影响国际油价的波动。这些波动会直接影响国内油价,从而影响物流运输组织的燃料成本。

国际油价上涨时,国内油价通常也会跟随上涨。这会导致物流运输组织的燃料成本增加,进而提高其运输成本。

为了应对国际油价波动对运输成本的影响,物流运输组织可以采取一些措施。例如,通过优化运输路线、提高运输效率等方式,减少燃料的消耗,从而降低运输成本。

此外，物流运输组织还可以考虑采用新能源运输工具，如电动车辆等，以减少对燃料的依赖，降低燃料成本。

总之，国际油价波动对国内运输成本有着直接的影响。物流运输组织需要关注国际油价的波动，并采取相应的应对措施，以降低运输成本。

第二节　不同物流运输方式的成本

物流运输方式主要包括公路运输、铁路运输、水路运输、航空运输和管道运输等。每种运输方式都有其特点和适用场景，物流运输方式的选择和成本结构优化是物流决策的重要内容。物流运输组织应根据货物的特性和需求、运输距离、时效要求等因素，选择合适的物流运输方式，并优化成本结构，以实现成本控制和业务发展。

一、公路运输

公路运输是物流运输方式中最为常见的一种，其具有灵活性高、适应性强、门到门服务等特点与优势。以下是公路运输的直接成本因素、间接成本因素以及其特点与优势的详细介绍。

（一）直接成本

公路运输的直接成本主要包括燃料费、维护与折旧、司机工资以及高速及路桥费。

1.燃料费

燃料费是公路运输中最为主要的成本支出，受油价波动的影响较大。油价的波动会对物流运输组织的燃料成本产生直接影响，因此物流运输组织需要密切关注油价的变化，合理控制燃料费用的支出。

2.维护与折旧成本

维护与折旧成本包括对运输车辆的定期检查、维修和更换零部件的费用。合理的车辆维护和更新策略对降低运输成本具有重要意义。定期进行车辆维护和保养,可以提高车辆的运行效率,降低维修成本。同时,合理规划车辆的更新周期,可以减少不必要的折旧支出。

3.司机工资

司机工资是物流运输组织支付给驾驶员的薪酬,包括基本工资、绩效工资和奖金等。物流运输组织需要根据市场情况和自身能力,合理设定工资水平,以吸引和留住优秀人才。同时,通过提高运输效率和服务质量,物流运输组织可以降低人力资源成本的比重。

4.高速及路桥费

高速及路桥费是在高速公路和桥梁上行驶时需要支付的费用。高速公路和桥梁的建设和维护需要相应的资金投入,因此行驶在这些道路上需要支付一定的费用。物流运输组织在规划运输路线时,应考虑高速及路桥费用的影响,合理选择运输路线,降低运输成本。

(二)间接成本

公路运输的间接成本主要包括管理费用、保险费用和信息系统投入。

1.管理费用

管理费用是在运输过程中进行规划、组织、协调和控制等方面的成本。这包括物流运输组织对运输业务的战略规划、资源配置、流程优化等方面的投入。管理费用的合理控制对提高物流运输组织的运营效率和服务质量具有重要意义。

2.保险费用

保险费用是为运输车辆和货物购买保险所产生的费用,其目的是转移运输过程中的风险。合理的保险规划可以帮助物流运输组织规避运输过程中的潜在风险,降低经济损失。保险费用包括车辆保险、货物保险、责任保险等,物流运输组织应根据自身业务特点和风险承受能力,选择合适的保险产品,实现风险转移和成本控制。

3.信息系统投入

信息系统投入是物流运输组织在信息化建设、技术研发和设备购置等方面的成本，以实现运输业务的在线管理和优化。信息化建设有助于提高物流运输组织的运营效率，实现运输业务的实时监控、分析和优化。技术研发和设备购置则是物流运输组织提升运输业务智能化、自动化水平的关键。信息系统投入对提高物流运输组织的竞争力具有重要意义。

二、铁路运输

铁路运输是现代物流系统中的一种重要运输方式，具有大宗货物长距离运输、成本相对较低、环境影响小等特点与优势。

（一）直接成本

铁路运输的直接成本因素主要包括列车使用费、能源费和装卸费。

1.列车使用费

列车使用费是铁路运输中最为主要的成本支出，它涵盖了列车租赁、调度和运行等方面的费用，即列车的租赁费用、调度费用以及运行过程中的能源消耗、维护和操作费用。列车使用费的高低直接影响铁路运输的成本结构。

2.能源费

能源费是铁路运输过程中消耗的能源成本，主要包括电力费用。电力是铁路运输的主要能源，电力费用的高低受电力市场价格波动的影响。合理控制能源费用，可以降低铁路运输的成本。

3.装卸费

装卸费是在货物装卸过程中产生的费用，包括人工、设备和场地等方面的成本。装卸过程中需要使用一定的设备和工具，如起重机、叉车等，以及需要支付给装卸工人的工资。装卸费的合理控制对降低铁路运输成本具有重要意义。

（二）间接成本

铁路运输的间接成本主要包括基础设施建设投资和车辆维护与折旧。

1.基础设施建设投资

基础设施建设投资是铁路运输中的一项重要成本，它包括铁路线路、车站、编组站、货场等设施的建设和维护成本。这些基础设施的建设和维护需要大量的资金投入，对铁路运输的成本结构会产生重要影响。

2.车辆维护与折旧

车辆维护与折旧是铁路运输的另一项重要间接成本，它包括对铁路车辆的定期检查、维修和更换零部件的费用。铁路车辆的维护和折旧成本对铁路运输的运营效率和经济效益会产生直接影响。合理的车辆维护和更新策略对降低铁路运输成本具有重要意义。

三、海运

海运是国际贸易中最主要的运输方式之一，具有运输成本低、载量大的特点与优势。

（一）直接成本

海运的直接成本主要包括船舶燃油费、港口费和装卸费。

1.船舶燃油费

船舶燃油费是海运中最为主要的成本支出，受国际油价波动的影响较大。油价的波动会对物流运输组织的燃料成本产生直接影响，因此物流运输组织需要密切关注油价的变化，合理控制燃料费用的支出。

2.港口费

港口费是在港口进行装卸、停泊等操作时产生的费用。港口费包括港口使用费、装卸费、停泊费等。合理的港口费管理对降低海运成本具有重要意义。物流运输组织应与港口运营商保持良好的合作关系，争取更优惠的费用政策。

3.装卸费

装卸费是在货物装卸过程中产生的费用,包括人工、设备和场地等方面的成本。装卸过程中需要使用一定的设备和工具,如起重机、叉车等,以及需要支付给装卸工人的工资。装卸费的合理控制对降低海运成本具有重要意义。物流运输组织应优化装卸流程,提高装卸效率,降低装卸成本。

(二)间接成本

海运的间接成本主要包括船舶维护与折旧、保险费用和国际法规遵守成本。

1.船舶维护与折旧

船舶维护与折旧是海运中的一项重要成本,它包括对船舶的定期检查、维修和更换零部件的费用。合理的船舶维护和更新策略对降低海运成本具有重要意义。通过定期进行船舶维护和保养,可以提高船舶的运行效率,降低维修成本。同时,合理规划船舶的更新周期,可以减少不必要的折旧支出。

2.保险费用

保险费用是为船舶和货物购买保险所产生的费用,以转移运输过程中的风险。保险费用包括船舶保险、货物保险、责任保险等。合理的保险规划可以帮助物流运输组织规避运输过程中的潜在风险,降低经济损失。物流运输组织应根据自身业务特点和风险承受能力,选择合适的保险产品,实现风险转移和成本控制。

国际法规遵守成本是物流运输组织在遵循国际法规和标准方面的成本,如国际海事组织(International maritime organization,IMO)的规定、海关法规等。这些法规要求物流运输组织遵守相关安全和环保标准,进行船舶和货物的申报、检验等操作。国际法规遵守成本包括相关的申报费、检验费、认证费等。物流运输组织应建立完善的国际法规遵守体系,确保运输活动的合法合规。

四、航空运输

航空运输是一种高速、高效的运输方式,尤其适用于高价值货物和时效要求高的货物。

（一）直接成本

航空运输的直接成本主要包括燃油费、机场服务费和安全费用。

1.燃油费

燃油费是航空运输中最为主要的成本支出，受国际油价波动的影响较大。油价的波动会对物流运输组织的燃料成本产生直接影响，因此物流运输组织需要密切关注油价的变化，合理控制燃料费用的支出。

2.机场服务费

机场服务费是在机场进行装卸、停泊等操作时产生的费用。机场服务费包括机场使用费、装卸费、停泊费等。合理的机场服务费对降低航空运输成本具有重要意义。物流运输组织应与机场运营商保持良好的合作关系，争取更优惠的费用政策。

3.安全费用

安全费用是为了确保航空运输安全而产生的费用，包括安检、监控和紧急救援等方面的成本。安全费用涉及机场和航空公司的安全设施、设备、人员等方面的投入。为了确保航空运输的安全，物流运输组织需要投入相应的资源，以满足安全要求。

（二）间接成本

航空运输的间接成本主要包括飞机维护与折旧、飞行员与机组人员工资和航线使用费。

1.飞机维护与折旧

飞机维护与折旧是航空运输中的一项重要成本，它包括对飞机的定期检查、维修和更换零部件的费用。合理的飞机维护和更新策略对降低航空运输成本具有重要意义。通过定期进行飞机维护和保养，可以提高飞机的运行效率，降低维修成本。同时，合理规划飞机的更新周期，可以减少不必要的折旧支出。

2.飞行员与机组人员工资

飞行员与机组人员工资是物流运输组织支付给飞行员和机组人员的薪酬，包括基本工资、绩效工资和奖金等。物流运输组织需要根据市场情况和自身能力，合理设定工资水平，以吸引和留住优秀人才。同时，通过提高运输效率和服务质量，物流运输组织可以降低人力资源成本的比重。

3.航线使用费

航线使用费是航空公司为使用特定航线而支付的费用。航线使用费的高低受航线距离、航线繁忙程度等因素的影响。物流运输组织在规划航线时，应考虑航线使用费的影响，合理选择航线，降低运输成本。

五、管道运输

管道运输是一种特殊的运输方式，主要用于输送液体和气体物质。

（一）直接成本

管道运输的直接成本主要包括能源消耗费和管道维护费。

1.能源消耗费

能源消耗费是管道运输过程中消耗的能源成本，主要包括燃料、电力等。这些能源是维持管道运输系统正常运行的关键，因此能源消耗费在管道运输成本中占据重要地位。合理控制能源消耗费，有助于降低管道运输成本。

2.管道维护费

管道维护费是进行管道检查、维修和更换零部件的费用。管道作为管道运输系统的核心，其安全性和稳定性至关重要。因此，定期对管道进行检查、维修和更换零部件，确保管道的正常运行，对降低管道运输成本具有重要意义。

（二）间接成本

管道运输的间接成本因素主要包括管道建设投资和环境影响评估与补偿费用。

1.管道建设投资

管道建设投资是管道建设、维护和更新的成本，这部分成本通常是一次性的，但在整个管道运输生命周期中占据很大比重。合理的管道建设投资有助于提高管道运输的效率和安全性，降低长期运营成本。

2.环境影响评估与补偿费用

环境影响评估与补偿费用是对管道建设、运行可能对环境造成的影响进行评估和补偿的费用。由于管道运输可能对沿线地区的生态环境产生影响，因此需要进行环境影响评估，并根据评估结果采取相应的补偿措施。这部分费用在管道运输成本中虽然占比较小，但对于实现可持续发展具有重要意义。

第三节 货物运输价格的基本结构、形式与形成因素

货物运输价格，简称运价，是指物流运输组织为提供货物运输服务而向客户收取的费用。运价在货物运输行业中起着至关重要的作用，它不仅影响运输企业的运营成本和盈利能力，还直接影响客户的运输成本和选择。运输企业和客户都需要关注运价的变化，合理制定和选择运价策略，以实现自身的利益最大化。

一、运价的基本结构和形式

运价是物流运输组织为客户提供货物运输服务时所收取的费用。运价的基本结构包括基础运价、附加费和折扣与优惠。

（一）运价的基本结构

1.基础运价

基础运价是运输服务的基本费用，它是物流运输组织为客户提供货物运输服务所收取的固定费用。基础运价通常根据运输距离、运输方式、运输工具等因素确定。基础运价是运价的基本组成部分，反映了物流运输组织在提供运输服务过程中的基本成本。

2.附加费

附加费是根据具体条件变动的额外费用。附加费的收取通常基于特定的条件或情况，如燃油价格波动、高峰期运输需求等。以下是一些常见的附加费类型：

（1）燃油附加费。由于燃油价格波动，物流运输组织可能会收取燃油附加费。燃油附加费是根据实际燃油消耗量和燃油价格计算的额外费用。

（2）高峰期附加费。在高峰期运输需求较高时，物流运输组织可能会收取高峰期附加费。高峰期通常包括节假日、购物季等。

（3）特殊货物附加费。对于特殊货物，如危险品、冷藏货物等，物流运输组织可能会收取特殊货物附加费。这些附加费用于补偿特殊货物运输过程中的额外成本和风险。

3.折扣与优惠

折扣与优惠是针对长期合作、大量运输等特定情况所提供的优惠政策。物流运输组织可能会提供一定的折扣或优惠，以鼓励客户长期合作或增加运输量。以下是一些常见的折扣与优惠类型：

（1）长期合作折扣。对于长期合作的客户，物流运输组织可能会提供一定的折扣。长期合作折扣是基于客户与物流运输组织长期合作关系的优惠。

（2）大量运输优惠。对于大量运输的客户，物流运输组织可能会提供一定的优惠。大量运输优惠是基于客户运输量的增加所提供的优惠。

（二）运价形式

运价形式是物流运输组织在制定运价时所采用的不同方式。不同的运价形式适用于不同的运输服务场景，为客户提供灵活、透明的价格选择。以下是几种常见的运价形式：

1.单一运价

单一运价是一种简单的运价形式，它为所有运输服务设定一个固定的价格。单一运价的优势在于简单易懂，客户可以理解其所提供的运输服务价格。然而，单一运价可能无法完全反映运输服务的多样性和复杂性。

2.阶梯运价

阶梯运价是根据运输量或距离设定不同费率的运价形式。在阶梯运价中，随着运输量的增加或距离的延长，运价会逐步提高。阶梯运价可以更好地反映运输服务的成本，鼓励客户合理规划运输需求，降低运输成本。

3.差别运价

差别运价是根据客户类型、服务类型等因素制定不同价格的运价形式。差别运价可以针对不同客户的需求提供个性化的价格方案，如针对长期合作客户、高价值货物等提供优惠价格。差别运价有助于提高客户满意度和市场竞争力。

4.组合运价

组合运价是综合使用多种计费方式的运价形式。组合运价可以结合单一运价、阶梯运价和差别运价等多种计费方式，为客户提供更加灵活和个性化的价格选择。组合运价有助于满足客户多样化的运输需求，提高市场竞争力。

不同的运价形式适用于不同的运输服务场景。单一运价简单易懂，阶梯运价可以更好地反映运输成本，差别运价可以提供个性化价格方案，而组合运价则结合多种计费方式，为客户提供灵活和个性化的价格选择。物流运输组织需要根据自身的业务特点和市场需求，合理选择和运用运价形式，以提高市场竞争力和盈利能力。

（三）运价管理与调整

运价管理与调整是物流运输组织在制定和实施运价过程中需要关注的重要环节。

1.运价审批流程

运价审批流程是指物流运输组织在制定运价时需要遵循的政府或行业协会的审批机制。在某些国家和地区，政府或行业协会对物流运输行业的运价设定有一定的监管和审批要求。这些审批机制通常旨在确保运价的合理性和公平性，防止运价垄断和不正当竞争。

政府或行业协会通常会设立一定的审批标准，如运价水平、运价结构、运价调整频率等。物流运输组织在制定运价时需要遵守这些标准，确保运价符合行业规定和市场实际情况。此外，审批机制还包括对运价执行情况的监督和检查，以确保运价合理性和公平性得到有效保障。

物流运输组织在制定运价时需要提交运价申请和相关材料,如成本分析、市场调研等。这些材料需要详细说明运价的制定依据和合理性,包括运输成本、市场供需状况、竞争对手价格等因素。提交这些材料,物流运输组织可以向政府或行业协会展示其运价的合理性和公平性,以便获得审批。

经过政府或行业协会的审批后,物流运输组织才能实施所制定的运价。审批通过后,物流运输组织需要按照审批结果执行运价,不得擅自调整或违反相关规定。此外,政府或行业协会还可能对已实施的运价进行定期评估和审查,以确保运价持续符合行业规定和市场实际情况。

运价审批流程是物流运输组织在制定运价时需要遵循的重要环节。通过遵循审批流程,物流运输组织可以确保其运价符合政府或行业协会的规定,维护市场秩序和公平竞争。同时,审批机制也有助于保障客户的权益,确保他们获得合理和透明的运输价格。

2.运价调整机制

运价调整机制是物流运输组织应对市场变化所采取的运价调整策略。市场变化包括市场需求、成本变化、竞争对手价格调整等因素。物流运输组织需要根据市场变化及时调整运价,以保持竞争力和盈利能力。

市场变化对运价的影响是多方面的。市场需求的变化可能导致运输需求的增加或减少,从而影响运价。成本变化包括燃油价格、人工成本、维护费用等因素的变化,这些变化可能导致运价的上升或下降。竞争对手价格调整也可能影响物流运输组织的运价策略。

为了应对市场变化,物流运输组织需要建立一个合理的运价调整机制。这包括以下几个方面:

(1)定期评估运价。物流运输组织需要定期对运价进行评估,分析市场变化对运价的影响,并根据评估结果调整运价。

(2)根据市场变化灵活调整运价。物流运输组织需要根据市场需求、成本变化、竞争对手价格调整等因素,灵活调整运价。这可能包括对基础运价、附加费、折扣与优惠等进行调整。

(3)设置价格保护机制。物流运输组织可以设置价格保护机制,以应对市场价格的剧烈波动。价格保护机制可以在一定时期内保持运价不变,或者提供一定的价格优惠，以保护客户的利益。

通过合理的运价调整机制，物流运输组织可以应对市场变化，实现运价与市场需求的匹配。这有助于物流运输组织保持竞争力和盈利能力，同时为客户提供合理的运输价格。

3.透明化与公开

透明化与公开是指确保运价信息的公开透明。物流运输组织需要确保运价信息的准确性和及时性，向客户和市场公开运价信息，这包括基础运价、附加费、折扣与优惠等。

透明化与公开对物流运输组织来说至关重要。首先，它有助于提高客户对物流运输组织的信任和满意度。当客户能够清晰地了解运价信息时，他们就可以更加放心地选择和使用物流运输组织提供的服务。此外，透明化与公开还可以促进公平竞争，防止不正当竞争和不公平的市场行为。

为了实现透明化与公开，物流运输组织可以通过多种方式公开运价信息。首先，物流运输组织可以设立专门的网站，提供详细的运价信息。这样，客户就可以通过网站轻松查询和了解运价信息，并根据自己的需求进行选择。

其次，物流运输组织还可以通过宣传册、宣传单等纸质材料向客户公开运价信息。这些材料可以详细介绍运价的具体内容，并提供联系方式，方便客户进行咨询和了解。

此外，物流运输组织还可以通过客户服务热线等方式公开运价信息。客户服务热线可以提供人工服务，解答客户关于运价问题的咨询，并提供详细的信息，帮助客户更好地了解和选择。

为了进一步提高透明化与公开程度，物流运输组织还可以采取以下措施：

（1）定期更新运价信息。物流运输组织需要定期更新运价信息，确保信息的准确性和及时性。

（2）提供在线咨询和答疑服务。物流运输组织可以通过网站、客户服务热线等渠道提供在线咨询和答疑服务，解答客户关于运价问题的疑问。

（3）开展客户培训和教育活动。物流运输组织可以定期开展客户培训和教育活动，帮助客户更好地理解和运用运价信息。

二、运价的构成因素

（一）供需关系

货物运输价格的形成受到供需关系的影响。供需关系包括市场需求的变化和运输能力供给。

1.市场需求的变化

市场需求的变化是影响货物运输价格的一个重要因素。市场需求的变化主要受到季节性波动、经济环境、行业需求等因素的影响。

（1）季节性波动。季节性因素对市场需求的影响不可忽视。例如，节假日和购物季的到来会刺激消费者的购买欲望，从而导致物流运输需求激增。在旺季，物流运输需求增加，可能导致运输价格上升。因此，物流运输组织需要关注季节性因素，合理调整运输价格，以应对市场需求的变化。

（2）经济环境。经济环境对物流运输需求和价格会产生重要影响。在经济繁荣时期，企业产能增加，消费者需求上升，运输需求增大，可能导致运输价格上升；相反，在经济衰退时期，企业产能减少，消费者需求下降，运输需求下降，可能导致运输价格下降。因此，物流运输组织需要密切关注经济环境的变化，以合理制定运输价格。

（3）行业需求。不同行业的物流运输需求差异较大，如电商、制造业等。电商行业的快速发展带动了物流运输需求的增长，而制造业的需求则相对稳定。行业需求的增加可能导致运输价格上涨，而行业需求的减少可能导致运输价格下降。

2.运输能力供给

运输能力供给是影响货物运输价格的另一个重要因素。运输能力供给包括运输工具的可用性和运输网络的扩展。

（1）运输工具的可用性。运输工具的可用性受到车辆、船舶、飞机等运输工具的数量和状态的影响。运输工具充足可以降低运输价格，而运输工具紧张可能导致运输价格上涨。例如，在运输工具充足的情况下，物流运输组织可以提供更多的运输服务，满足市场需求，从而降低运输价格；相反，运输工具紧张时，物流运输组织可能会提高运输价格，以限制提供运输服务。

（2）运输网络的扩展。运输网络的扩展包括运输路线的增加、运输工具的增加等。

运输网络的扩展可以提高运输能力，降低运输价格。例如，增加运输路线可以提供更多的运输选择，降低运输成本，从而降低运输价格；同时，增加运输工具也可以提高运输能力，满足市场需求，降低运输价格。

（二）供需平衡原理

供需平衡原理是影响货物运输价格形成的基本原理。在市场经济中，商品的价格是由市场供需关系决定的。对于货物运输服务而言，供需平衡原理同样适用。

当市场需求与运输能力供给相平衡时，运输价格趋于稳定。这是因为在这个状态下，物流运输组织能够满足市场的运输需求，无须提高价格来吸引更多客户，同时也无须降低价格来刺激需求。运输价格的稳定有助于物流运输组织预测和规划未来的运输业务，同时也为客户提供了相对稳定的服务价格。

当市场需求超过运输能力供给时，运输价格上升。这是因为当需求增加时，物流运输组织需要更多的运输工具和人员来满足市场需求。为了吸引更多的客户，物流运输组织可能会提高运输价格，以减少需求，从而保持运输能力的供需平衡。此外，当需求增加时，物流运输组织可能会优先满足高价值、高利润的运输订单，从而进一步提高运输价格。

当市场需求低于运输能力供给时，运输价格下降。这是因为当需求减少时，物流运输组织需要降低运输价格来吸引更多的客户，以充分利用其运输能力。此外，当需求减少时，物流运输组织可能会降低运输价格以争夺市场份额，从而刺激需求。

（三）运输成本

运输成本对货物运输价格的影响是直接的。运输成本是物流运输组织提供运输服务时所产生的总费用，包括直接成本和间接成本。这些成本的高低直接影响到运输价格的形成。

一般来说，成本上升会导致运输价格上涨，成本下降则可能导致运输价格下降。这是因为物流运输组织需要通过运输价格来弥补成本支出，实现盈利。如果成本上升，物流运输组织为了维持原有的利润水平，可能会提高运输价格；相反，如果成本下降，物流运输组织可能会降低运输价格以增加市场份额。

成本上升可能导致运输价格上涨的原因包括燃油费、人工费、维护与折旧、保险费等直接成本的增加，以及管理费、营销费、信息技术投资等间接成本的增加。这些成本的上升会压缩物流运输组织的利润空间，为了保持盈利，物流运输组织可能会提高运输价格。

成本下降可能导致运输价格下降的原因包括燃油费、人工费、维护与折旧、保险费等直接成本的减少，以及管理费、营销费、信息技术投资等间接成本的减少。这些成本的下降为物流运输组织留下了更大的利润空间，为了增加市场份额，物流运输组织可能会降低运输价格。

然而，运输价格的调整并非完全由成本决定。物流运输组织还需要考虑市场需求、竞争对手的价格、客户关系等。在成本上升时，如果市场需求稳定或增加，物流运输组织可能会选择维持原有的运输价格，以保持市场份额和客户关系；在成本下降时，如果市场竞争激烈，物流运输组织可能会选择保持或提高运输价格，以提高利润率。

（四）竞争与市场结构

货物运输价格不仅受到供需关系的影响，还受到竞争与市场结构的影响。

1.行业竞争程度

行业竞争程度对货物运输价格产生重要影响。在竞争激烈的行业中，物流运输组织为了争夺市场份额，可能会采取价格战等竞争策略。这种竞争策略可能导致运输价格下降，从而吸引更多的客户。这种价格竞争可能会对整个行业的运输价格产生下行压力，从而降低物流运输组织的利润空间。

相反，在垄断或竞争较弱的行业中，物流运输组织可能拥有较高的定价权，运输价格可能相对较高。这是因为垄断或竞争较弱的行业中，物流运输组织较少，市场集中度较高。在这种情况下，物流运输组织可能不需要通过降价来吸引客户，而是可以通过提高运输价格来获得更高的利润。然而，这种高定价权也可能导致物流运输组织缺乏提高服务质量的动力，从而影响整个行业的健康发展。

因此，物流运输组织需要权衡行业竞争程度对运输价格的影响。在竞争激烈的行业中，通过合理的价格策略来争夺市场份额是必要的，但也需要关注价格竞争对利润空间和市场秩序的影响。在垄断或竞争较弱的行业中，虽然可能拥有较高的定价权，但也需要关注市场需求和客户满意度，以维持长期的市场竞争优势。

2.市场结构

市场结构对货物运输价格也有重要影响。市场结构指的是市场中企业的数量、规模、市场份额和竞争程度等特征的组合。不同的市场结构会对货物运输价格产生不同的影响。

在寡头竞争市场中,少数几家物流运输组织控制着市场,他们可以通过协商或默契来影响运输价格。这些寡头企业往往占据了市场的主导地位,拥有较大的市场份额和话语权。这种市场结构可能导致运输价格相对稳定,但也可能限制新进入者的竞争机会。

在完全竞争市场中,许多物流运输组织竞争市场份额,运输价格受到供需关系的影响。这种市场结构中,企业数量众多,竞争激烈,运输价格完全由市场供求关系决定。运输需求增加时,运输价格可能上升;运输需求减少时,运输价格可能下降。这种市场结构促进了竞争和创新,有助于提高运输服务的质量和效率。

此外,还有其他类型的市场结构,如垄断市场和垄断竞争市场。垄断市场中只有一家物流运输组织提供服务,他们拥有完全的定价权,运输价格由他们单方面决定。垄断竞争市场中,几家大型物流运输组织占据主导地位,但仍有许多小企业竞争市场份额。这些市场结构对货物运输价格的影响也不尽相同。

总之,市场结构对货物运输价格有重要影响。物流运输组织需要关注市场结构的变化,并制定相应的运输价格策略。

3.国际市场

国际市场对货物运输价格形成的影响也不容忽视。随着全球化的发展,国际运输市场日益重要,不同国家和地区的物流运输组织为了争夺市场份额,可能会采取降价等竞争策略。

国际运输市场竞争激烈,物流运输组织需要在国际市场中脱颖而出。为了吸引更多的客户,他们可能会降低运输价格。这种价格竞争可能会导致国际运输价格下降。例如,在跨境电商物流领域,为了吸引更多的消费者,物流企业可能会提供更低廉的运输价格。

然而,降价策略并非总是有效的。在某些情况下,过度的价格竞争可能导致物流运输组织陷入价格战,压缩利润空间,甚至影响服务质量。因此,物流运输组织在采取降价策略时,需要权衡其对利润和市场秩序的影响。

此外，国际市场的运输价格还受到多种因素的影响，如燃油费、汇率、关税和政策等。这些因素的变化可能会导致国际运输价格的波动。因此，物流运输组织需要密切关注国际市场动态，及时调整运输价格策略。

（五）政策与法规

货物运输价格的形成不仅受到市场因素的影响，还受到政策与法规的影响。政策与法规可以从多个方面影响货物运输价格。

1.政府政策

政府政策对货物运输价格的形成有直接和间接的影响。政府政策包括税收、补贴、行业标准和环保法规等。

（1）税收。政府对物流运输行业征收的税收，如增值税、营业税等，会直接影响到货物运输价格。税收的增加可能导致运输价格上涨，以弥补支出。例如，如果政府提高了物流运输行业的税率，物流运输组织可能需要提高运输价格，以维持原有的利润水平。

（2）补贴。政府对物流运输行业提供的补贴，如燃油补贴、运输补贴等，会降低物流运输组织的运营成本，可能导致运输价格下降。例如，政府提供的燃油补贴可以减轻物流运输组织因油价上涨带来的成本压力，从而降低运输价格。

（3）行业标准。政府制定的物流运输行业标准，如运输工具的安全标准、货物包装标准等，可能会增加物流运输组织的运营成本，导致运输价格上涨。例如，政府要求物流运输组织使用更安全的运输工具或采用更严格的货物包装标准，可能会增加物流运输组织的成本投入，进而影响运输价格。

（4）环保法规。政府对物流运输行业实施的环保法规，如排放标准、绿色运输等，可能会要求物流运输组织采用更环保的运输方式，增加运营成本，导致运输价格上涨。例如，政府要求物流运输组织减少排放或采用新能源运输工具，可能会增加物流运输组织的成本投入，进而影响运输价格。

2.国际法规

国际法规对货物运输价格的形成也有重要影响。国际法规包括国际贸易协定和运输安全法规等。

（1）国际贸易协定。国际贸易协定对货物运输价格的影响主要体现在关税和贸易壁垒方面。关税的减免和贸易壁垒的降低可能会降低国际运输成本，从而降低国际运输价格。例如，自由贸易协定和关税同盟通过减免关税和降低贸易壁垒，促进了商品和服务的自由流动，从而降低了国际运输成本，使得国际运输价格更具竞争力。

（2）运输安全法规：国际运输安全法规对货物运输价格的影响主要体现在安全检查和认证等方面。这些法规可能会增加物流运输组织的运营成本，导致运输价格上涨。例如，国际海事组织制定的《国际海上劳工公约》和《国际安全管理公约》等，要求船舶必须符合特定的安全和环保标准，增加了物流运输组织的合规成本，可能导致运输价格上涨。

（六）技术与创新

货物运输价格的形成受到技术进步和创新服务的影响。

1.技术进步

技术进步对货物运输价格产生重要影响。随着科技的不断发展，新技术的出现为物流运输行业带来了更多的可能性，可以有效降低运输成本，从而影响货物运输价格。

例如，新能源运输工具（如电动汽车、氢燃料电池车辆）的发展，不仅能够降低燃料成本，而且还能减少对环境的污染。这些新能源运输工具的使用可以显著降低运输成本，从而使得运输价格更加合理。

此外，自动化和智能化技术（如自动驾驶、自动化仓库系统）的应用，可以在很大程度上提高运输效率，降低人工成本。这些技术的应用使得物流运输组织能够更加高效地进行货物运输，从而进一步降低运输价格。

同时，随着大数据、云计算等信息技术的发展，物流运输组织可以更加精确地进行运输成本的分析和控制，从而更加有效地降低运输成本。这些技术的应用不仅能够降低运输成本，还能够提高物流运输组织的运营效率，进一步降低运输价格。

因此，物流运输组织需要密切关注技术进步的动态，及时引入和应用新技术，以降低运输成本，提高运输效率。通过合理利用技术进步，物流运输组织可以提高自身的竞争力，为客户提供更加优质的服务，从而在激烈的市场竞争中脱颖而出。

2.创新服务

创新服务对货物运输价格形成的影响也不容忽视。增值服务可以提高物流运输组织的服务质量，吸引更多客户，从而影响运输价格。物流运输组织通过提供增值服务，可以满足客户特定的运输需求，提高客户满意度，增加市场份额。

例如，冷链运输和快递服务是两种常见的增值服务。冷链运输可以确保货物在运输过程中保持特定的温度和湿度，满足对温度敏感的货物（如冷冻食品、医药产品等）的运输需求。快递服务则提供快速、门到门的运输服务，满足客户对高时效性货物的运输需求。

物流运输组织提供这些增值服务可能需要增加一定的成本，如购买专业的冷链运输设备、建立快递网络等。为了覆盖这些增值服务的成本，物流运输组织可能会提高运输价格。然而，这些增值服务也能够提高客户忠诚度和市场竞争力。

此外，物流运输组织还可以提供其他增值服务，如货物保险、实时跟踪、特殊包装等。这些服务可以帮助物流运输组织更好地满足客户的需求，提高客户满意度，增加市场份额。

因此，物流运输组织需要关注创新服务的发展，根据客户的需求提供相应的增值服务。通过提供优质的增值服务，物流运输组织可以提高自身的竞争力，吸引更多的客户，从而影响运输价格。

3.信息技术

信息技术对货物运输价格的形成有着重要影响。随着信息技术的飞速发展，物流信息化在物流运输行业中的应用越来越广泛，对价格透明度和效率的提升起到了关键作用，从而影响货物运输价格。

物流信息化包括运输管理系统的应用、电子数据交换、物联网等技术。这些技术的应用为物流运输组织提供了更高效、透明的运输服务，使得运输业务的在线管理成为可能，大大提高了运输效率。

例如，运输管理系统的应用使得物流运输组织能够实时监控和管理运输业务，实现订单处理、车辆调度、运输跟踪等功能。这不仅提高了运输效率，还降低了管理成本。

此外，物流信息化还可以实现运输成本的实时监控和分析。通过收集和分析运输成本数据，物流运输组织能够发现成本优化的机会，采取措施降低不必要的成本支出，如优化运输路线、提高运输工具的运行效率等。

第五章 物流运输与管理的发展趋势

第一节 物流运输的信息化与智能化

物流运输信息化与智能化是现代物流运输行业的重要发展趋势。通过应用先进的信息技术，实现物流运输业务的在线管理和优化，提高运输效率和服务质量。

一、信息化与智能化的核心技术

信息化与智能化在物流运输行业中已经得到了广泛应用，这些技术不仅提高了运输效率，也降低了运输成本。以下是信息化与智能化在物流运输行业的几个核心技术

（一）大数据分析

大数据分析是利用大数据技术对物流运输过程中的海量数据进行处理和分析，为物流运输组织提供数据驱动的决策支持系统。在物流运输行业中，大数据分析已经成为一种重要的技术手段，可以帮助物流运输组织更好地理解和应对市场变化，提高运输效率和服务质量。

通过大数据分析，物流运输组织可以对运输过程中的各种数据进行深入挖掘和分析，包括货物的运输路线、运输时间、运输成本等。这些数据可以帮助物流运输组织预测市场需求，从而更好地规划运输路线和运输方式，提高运输效率。

大数据分析还可以帮助物流运输组织发现成本优化的机会。通过对运输成本数据的分析，物流运输组织可以找出成本较高的环节，并采取相应的措施进行优化，从而

降低运输成本。

此外，大数据分析还可以帮助物流运输组织优化运输路线。

（二）人工智能与机器学习

人工智能和机器学习技术可以帮助物流运输组织自动化运输管理和优化路线规划。这些技术通过分析大量数据，可以预测市场需求、优化运输路线、提高运输效率，从而在物流运输行业中发挥重要作用。

首先，人工智能和机器学习技术可以对市场数据进行分析，预测未来的市场需求。通过对历史销售数据、季节性因素、经济环境等信息进行分析，人工智能系统可以预测未来一段时间内的货物运输需求，帮助物流运输组织合理规划运输资源和路线，避免运输能力的过剩或不足。

其次，人工智能和机器学习技术可以优化运输路线。通过对货物起始地、目的地、路况、交通规则等信息进行分析，人工智能系统可以找出最短、最快或成本最低的运输路线，从而提高运输效率。此外，通过实时路况信息的分析，人工智能系统还可以动态调整运输路线，避免拥堵和绕行，确保货物准时送达。

此外，人工智能和机器学习技术还可以应用于车辆调度和货物分拣等环节。在车辆调度方面，人工智能系统可以根据货物需求、车辆位置和状态等信息，自动生成最优的车辆调度方案，提高运输效率。在货物分拣方面，人工智能系统可以对大量货物进行智能识别和分类，实现自动化的货物分拣，提高分拣效率和准确性。

（三）区块链技术

区块链技术可以提升物流透明度和信任度。这一技术通过去中心化的分布式账本，确保了物流运输过程中数据的透明性和不可篡改性，从而增强了整个供应链的信任度。

首先，区块链技术通过实现供应链的实时追踪和数据共享，为物流运输组织提供了一个可靠的信息记录和传输平台。每一笔交易都被记录在一个去中心化的账本上，所有参与方都可以实时访问这些数据，确保了信息的透明性和实时性。例如，从生产地到最终消费者的整个过程中，每一环节的信息都可以被实时追踪和共享，从而提高了整个供应链的透明度和协同效率。

其次，区块链技术通过加密算法和共识机制，确保了数据的不可篡改性。一旦数据被记录在区块链上,就无法被篡改或删除。这为物流运输组织提供了一个安全的数据存储和传输方式,有效防止了数据被恶意篡改或欺诈行为的发生。例如,通过区块链技术,物流运输组织可以确保货物的真实性和来源的可追溯性,防止假冒伪劣商品的流通。

此外,区块链技术还可以促进物流运输组织之间的合作和信任建立。通过共享数据和信息,不同物流运输组织可以更好地协调和协作,提高整个供应链的效率和响应速度。例如,在跨境电商物流中,通过区块链技术,可以实现数据共享,从而简化清关流程,提高货物的通关速度。

二、智能化物流运输的实际应用

智能化物流运输技术的发展正在改变传统的物流运输方式,提高运输效率,降低运输成本。

(一)自动化仓库管理系统

自动化仓库管理系统利用自动化技术和智能算法,实现仓库的无人化管理和智能分拣系统。这一系统通过整合自动化搬运设备、智能货架系统、自动化的盘点和库存管理系统等,为物流运输组织提供了高效、精准的仓储管理解决方案。

自动化搬运设备,如无人叉车、自动引导车等,可以在仓库内自主导航和搬运货物,提高了货物搬运的效率和安全性。智能货架系统则通过传感器和自动化技术,实现了货物的自动存取和精准定位,降低了仓储空间的浪费。

自动化的盘点和库存管理系统利用条码扫描、RFID 等技术,实现了对库存的实时监测和自动盘点。这不仅减少了人工盘点的时间和误差,还确保了库存数据的准确性和实时性。

自动化仓库管理系统有助于提高仓库的存储效率和货物分拣速度,降低人力成本,提升整体物流效率。例如,自动化仓库管理系统可以实现货物的快速入库、出库和分拣,减少了人工操作的时间和错误率,提高了物流运输组织的运营效率和客户满意度。

（二）无人运输工具

无人运输工具，如自动驾驶卡车和无人机配送，正在逐渐应用于物流运输行业。这些技术的应用预示着物流运输行业的一次重大变革，为提高运输效率、降低成本提供了新的可能性。

自动驾驶卡车通过搭载先进的传感器和人工智能技术，实现了车辆的自动驾驶和货物运输。这些传感器包括雷达、激光雷达、摄像头等，它们能够感知周围的环境，实时获取道路状况、车辆位置和行人信息。人工智能技术则能够对这些数据进行分析，指导车辆进行自主决策和操作，如加速、减速、转向等。

无人机配送则可以用于快速、低成本的货物配送，特别是在偏远地区或交通不便的地区。无人机配送具有灵活性高、响应速度快、不受地面交通限制等优势，可以实现点到点的直接配送，大大缩短了配送时间。

无人运输工具的应用可以提高运输效率，减少人为错误和事故风险。自动驾驶卡车和无人机配送可以24小时不间断运行，提高了运输时间的灵活性。同时，由于这些技术减少了人为操作，降低了因人为因素导致的错误和事故风险。

此外，无人运输工具的应用还有助于降低运输成本。自动驾驶卡车可以实现更高效的燃油经济性，减少车辆磨损和维护成本。无人机配送则可以避免道路建设和维护等较高的地面运输成本。

（三）智能配送系统

智能配送系统利用大数据分析和人工智能技术，实现基于预测的配送优化和即时配送服务。这一系统通过深入分析历史数据和实时信息，能够准确预测客户的需求，从而优化配送路线和时间，实现高效的货物配送。

首先，智能配送系统通过收集和分析大量的客户订单数据、历史配送数据、交通状况、天气信息等，能够准确预测客户的需求和配送过程中的潜在问题。这些数据可以帮助物流运输组织更好地了解客户的购买习惯、配送区域的交通状况等，从而提前规划配送路线和时间，避免拥堵和延误。

其次，智能配送系统还能够实时监控配送过程中的各种数据，如车辆位置、货物状态、配送时间等。通过这些数据的实时分析和处理，物流运输组织可以及时调整配送计划，优化配送路线和时间，提高货物配送的效率和准确性。

此外，即时配送服务也是智能配送系统的重要组成部分。通过利用自动驾驶卡车、无人机等无人运输工具，即时配送服务可以提供快速、门到门的配送服务，满足客户对高时效性货物的需求。这种服务可以大大缩短客户的等待时间，提高客户满意度和忠诚度。

综上所述，智能化物流运输的实际应用包括自动化仓库管理系统、无人运输工具和智能配送系统等方面。这些技术的应用可以帮助物流运输组织提高运输效率、降低运输成本，并提供更加灵活、高效的物流服务。

三、信息化提升物流运输效率

信息化技术在提升物流运输效率方面发挥着至关重要的作用。以下是信息化在物流运输行业的几个关键应用：

（一）供应链管理优化

信息化技术可以帮助物流运输组织整合供应链信息流、物流、资金流，实现供应链的协同管理。通过建立统一的信息平台，物流运输组织可以实现与供应商、客户、分销商等各方信息的实时共享，提高供应链的透明度和协同效率。

信息化技术通过建立统一的信息平台，实现了供应链各方的信息实时共享。这包括订单信息、库存信息、运输状态、支付信息等。通过实时共享信息，供应链各方可以更好地协调和协作，提高整个供应链的响应速度和效率。例如，供应商可以根据实时库存信息及时调整生产计划，客户可以根据实时运输状态安排收货和销售计划。

信息化技术还可以帮助物流运输组织优化供应链流程，实现订单处理、库存管理、运输计划等环节的自动化。通过引入自动化的订单处理和库存管理系统，物流运输组织可以减少人工操作的时间和错误率，提高订单处理速度和库存管理效率。同时，通过智能化的运输计划系统，物流运输组织可以实现运输资源的优化配置，降低运输成本，提高供应链的整体效率。

此外，信息化技术还可以帮助物流运输组织实现供应链的预测和决策支持。通过大数据分析和人工智能技术，物流运输组织可以预测市场需求和库存变化，制定合理的采购和销售策略，降低库存成本和运营风险。同时，信息化技术还可以提供供应链绩效监控和分析，帮助物流运输组织评估供应链的运营状况，发现潜在问题和改进机会。

（二）客户服务与体验改善

信息化技术可以改善客户服务和体验。通过信息化技术，物流运输组织能够提供更加个性化、高效和透明的服务，从而提升客户满意度和忠诚度。

个性化配送选项是信息化技术改善客户服务的一个重要方面。物流运输组织可以根据客户的具体需求，提供多样化的配送服务。例如，对于需要定时配送的客户，信息化技术可以帮助物流运输组织安排合适的配送时间，确保货物在客户指定的时间送达。对于有特定配送地点需求的客户，信息化技术可以实现精准的地址识别和导航，确保货物准确无误地送达指定地点。

实时订单跟踪是信息化技术提升客户体验的另一个重要功能。通过实时订单跟踪，客户可以随时了解订单的处理状态和运输进度。物流运输组织可以利用信息化技术，为客户提供实时更新的订单信息，包括订单确认、打包、出库、运输、派送等各个环节的状态。实时订单跟踪不仅提高了客户对物流运输组织服务的透明度，还能够让客户感受到物流运输组织对订单的重视和对服务质量的承诺。

此外，信息化技术还可以帮助物流运输组织提供更加便捷的客户服务。例如，通过建立客户服务热线、在线客服、移动应用程序等，物流运输组织可以提供 24 小时不间断的客户服务，及时响应客户的需求和问题。信息化技术还可以实现客户服务的自动化，如通过智能客服机器人提供常见问题的解答，减少客户等待时间，提高客户服务的效率。

（三）成本控制与风险管理

信息化技术可以帮助物流运输组织实现成本控制和风险管理。通过实时数据分析，物流运输组织可以及时发现成本优化的机会，如优化运输路线、提高运输工具的运行效率等。此外，信息化技术还可以帮助物流运输组织进行风险评估和管理，如通过实时监控运输过程中的各种数据，及时发现潜在的安全隐患和运输风险，采取相应的预防措施。

首先，信息化技术通过实时数据分析，可以帮助物流运输组织发现成本优化的机会。例如，通过对运输路线数据的分析，物流运输组织可以找出最短、最快或成本最低的运输路线，从而降低运输成本。通过对运输工具运行数据的分析，物流运输组织可以发现运输工具的运行效率低下的问题，采取措施提高运输工具的运行效率，如合理安排运输任务、定期维护运输工具等。

其次，信息化技术可以帮助物流运输组织进行风险评估和管理。通过实时监控运输过程中的各种数据，如车辆位置、货物状态、路况等，物流运输组织可以及时发现潜在的安全隐患和运输风险。例如，通过监控车辆的行驶速度和行驶路线，物流运输组织可以及时发现超速行驶和违规行驶等安全隐患，采取相应的预防措施。通过监控货物的温度和湿度等数据，物流运输组织可以及时发现货物损坏和变质等运输风险，采取相应的应对措施。

此外，信息化技术还可以帮助物流运输组织进行风险预测和预警。通过建立风险预测模型和预警系统，物流运输组织可以对潜在的风险进行预测，提前采取相应的预防措施。例如，通过分析历史事故数据和路况信息，物流运输组织可以预测特定路段的事故风险，提前发布预警信息，提醒驾驶员注意安全。

四、智能化物流运输面临的挑战

智能化物流运输在提高运输效率、降低成本等方面展现出巨大潜力，但在实际应用过程中也面临着一系列挑战。以下是智能化物流运输面临的主要挑战：

（一）技术和安全问题

智能化物流运输依赖于大量数据的收集、处理和分析，因此数据安全与隐私保护是一项严峻的挑战。物流运输组织需要建立完善的数据安全防护体系，防止数据泄露、篡改和滥用。同时，物流运输组织还需要关注客户数据的隐私保护，遵守相关法律法规，确保客户数据的安全和合规性。

首先，数据安全与隐私保护在智能化物流运输中至关重要。物流运输组织需要采取多种措施来确保数据的安全性。这包括使用加密技术来保护数据传输和存储的安全，实施访问控制和身份验证机制来限制对数据的访问，定期进行数据备份和灾难恢复演练以确保数据的可恢复性。此外，物流运输组织还需要制订数据泄露应急响应计划，以便在数据泄露发生时能够迅速采取行动,减轻损失。

其次,物流运输组织需要关注客户数据的隐私保护。在收集和使用客户数据时,物流运输组织必须遵守相关的法律法规,如数据保护法、隐私权法等。这要求物流运输组织在收集和使用客户数据时获得客户的明确同意,并确保客户数据只用于合法和正当的目的。物流运输组织还需要采取措施来保护客户数据的匿名性和去识别化,以防止客户隐私泄露。

此外,物流运输组织还需要建立数据保护政策和培训计划,以确保员工对数据安全和隐私保护的重要性有足够的认识,并能够正确处理和保护客户数据。物流运输组织还需要定期进行内部审计和评估,以确保数据安全和隐私保护措施的有效实施。

(二)人才与技术匹配

在当今的物流运输行业,智能化技术的快速发展正推动着整个行业的转型升级。随着人工智能、大数据分析、物联网技术等先进技术的广泛应用,智能化物流运输正成为行业发展的新趋势。这些技术不仅能够提高物流运输的效率和准确性,还能在很大程度上降低运营成本,提高客户满意度。然而,这一转变也带来了对专业人才的迫切需求,特别是在人工智能、大数据分析、物联网技术等关键技术领域的人才。

目前,物流运输行业面临的一个主要挑战是专业技术人才的缺乏。尽管许多物流公司已经认识到了智能化技术在提升运输效率和服务质量中的关键作用,但由于缺乏具备相关技术知识和技能的人才,这些先进技术的应用效果并未达到最优。例如,人工智能技术可以用于优化运输路线、预测运输需求、提高仓储管理的自动化水平,但这些应用的实现需要人才具备相应的编程能力、数据分析技能和系统设计经验。

因此,物流运输组织需要采取积极措施,加强人才的培养和引进,以填补这一技术人才缺口。一方面,企业可以通过与高等院校、职业技术学校合作,参与课程设置,提供实习机会,培养学生的实践能力和创新意识,为行业输送更多具备现代物流技术背景的毕业生。另一方面,物流企业还需要加大在职员工培训力度,通过举办专业培训班、研讨会等形式,提高员工的专业素养和技术能力,使他们能够快速适应智能化物流运输的发展需求。

此外,物流运输组织也应当通过提供具有竞争力的薪酬福利、良好的职业发展机会等措施,吸引和留住高技能人才。通过建立一支高素质、技术精湛的团队,物流企业将能够更好地利用智能化技术，提升服务水平，增强市场竞争力。

（三）法律法规与标准化

随着智能化物流运输技术的快速发展，物流行业迎来了前所未有的变革。然而，技术的飞速发展也带来了一系列法律法规和标准化建设方面的挑战。现有的法律法规体系可能难以适应新技术带来的变化，从而影响智能化物流运输技术的应用和发展。

物流运输组织在享受智能化技术带来的便利的同时，必须关注并适应相关法律法规的变化。随着技术的不断进步，国家和地方政府可能会陆续出台一系列针对智能化物流运输的新规定和指导意见，旨在保障公共安全、保护消费者权益、促进公平竞争等。物流运输组织需要密切关注这些法律法规的更新，及时调整自身的运营模式和技术应用，确保其运输活动始终处于合法的状态。

同时，物流运输组织还应积极参与到行业标准的制定和完善工作中来。在智能化物流运输领域，由于技术的新颖性，很多应用还缺乏统一的标准和规范，这不仅增加了行业内部的运作成本，也制约了技术的广泛推广。因此，物流企业、行业协会和标准化机构应共同努力，根据智能化物流运输技术的特点和应用场景，制定一系列科学合理、统一规范的行业标准。这些标准不仅能够指导企业进行技术研发和应用，还能够促进整个行业的健康有序发展。

总之，智能化物流运输在提高运输效率、降低成本等方面展现出巨大潜力，但在实际应用过程中也面临着技术和安全问题、人才与技术匹配以及法律法规与标准化等方面的挑战。物流运输组织需要积极应对这些挑战，加强数据安全防护、人才培养和技术创新，遵守相关法律法规，推动行业标准的制定和完善。通过克服这些挑战，物流运输组织可以实现智能化物流运输的可持续发展，提升市场竞争力，为客户提供更加优质的服务

第二节　基于供应链的运输协同管理

供应链运输协同管理是现代供应链管理中的重要组成部分，它涉及供应链中的各个环节，如生产、采购、仓储、运输等，通过有效的协同管理，可以实现供应链的高效运作。在供应链中，运输环节是连接各个环节的关键，运输协同管理在现代供应链中的重要性不言而喻。因此，物流运输组织需要重视运输协同管理，不断提升运输协同管理的水平和质量，以适应市场需求的变化，提升竞争力和可持续发展能力。

一、供应链运输协同管理概述

（一）供应链运输协同管理的概念

供应链运输协同管理是指在供应链管理过程中，对运输环节进行有效的协调和整合，实现运输资源的优化配置，提高运输效率，降低运输成本，提升供应链整体运作效率的管理方式。它涉及供应链中的各个环节，包括供应商、制造商、分销商、零售商等。

（二）运输协同管理在现代供应链中的重要性

运输协同管理在现代供应链中的重要性主要体现在以下几个方面：

1. 提高运输效率

有效的运输协同管理能够实现运输资源的优化配置，这包括合理规划运输路线、科学调度运输工具、合理分配运输任务等。通过这些措施，可以提高运输工具的利用率，减少运输过程中的等待时间和货物在途时间，从而提高运输效率。例如，通过协同管理，物流运输组织可以实现货物的批量运输，降低空驶率，提高运输工具的运行效率。

2.降低运输成本

运输协同管理能够实现运输成本的优化。这包括合理选择运输方式和路线,优化货物打包方式,以及通过规模效应降低运输成本。例如,通过协同管理,物流运输组织可以选择最经济、最快捷的运输方式,减少运输成本。此外,合理的货物打包方式也可以降低运输成本。例如,通过优化包装方案,减少包装材料的浪费和使用。

3.提升供应链整体运作效率

运输协同管理是供应链各个环节有效运作的基础。通过有效的运输协同管理,可以实现供应链的高效运作,提升整体竞争力。例如,通过协同管理,物流运输组织可以实现与供应商、制造商、分销商等合作伙伴的紧密协作,提高供应链的响应速度和灵活性。

4.提高客户满意度

运输协同管理能够实现运输服务的优化,提高运输服务的准时性和准确性。这有助于提高客户满意度,增强客户对物流运输组织的信任和忠诚度。例如,通过协同管理,物流运输组织可以实时监控货物的运输状态,及时向客户提供准确的运输信息,提高客户对运输服务的满意度。

二、协同管理的基本原则

协同管理是实现供应链运输效率和成本优化的重要手段。以下是协同管理的基本原则:

(一)共享信息

共享信息是协同管理的基础。在供应链中,各个合作伙伴通过共享信息,可以实时了解货物的运输状态、库存情况、市场需求等信息,从而实现信息透明化。信息透明化对于供应链的协调和优化至关重要。

首先,信息透明化有助于合作伙伴更好地协调运输计划。通过共享信息,合作伙伴可以实时了解货物的运输进度,及时调整运输计划,避免运输资源的浪费。例如,在货物运输过程中,物流运输组织可以实时更新货物运输状态,通知供应商和制造商,以便他们及时安排生产和配送计划。

其次,信息透明化有助于提高运输效率。通过共享信息,合作伙伴可以更好地了解货物的运输状态和库存情况,从而优化运输的路线和方式,减少运输过程中的等待时间和货物在途时间。例如,共享实时库存信息可以帮助供应商及时调整生产计划,避免库存积压或库存不足的情况。

此外,信息透明化还有助于降低运输成本。通过共享信息,合作伙伴可以实现运输资源的优化配置,提高运输工具的利用率,降低运输成本。例如,共享运输需求信息可以帮助物流运输组织合理规划运输路线和方式,实现货物的批量运输,降低运输成本。

（二）共同决策

共同决策是指供应链上的合作伙伴在运输相关决策上进行共享和协调。这包括运输路线的规划、运输方式的选取、运输资源的分配等。通过共同决策,合作伙伴可以实现运输活动的协同,提高运输效率,降低运输成本。

首先,运输路线的规划是共同决策的重要组成部分。通过共享信息和数据,合作伙伴可以共同分析和评估不同的运输路线,选择最优的运输路线,实现货物的快速、准时送达。

其次,运输方式的选取也是共同决策的关键。不同的运输方式具有不同的优势和适用场景,如公路运输灵活便捷,铁路运输成本较低,水路运输能力强等。通过共同决策,合作伙伴可以根据货物的特性和需求,选择最合适的运输方式,实现运输成本的最优化。

此外,运输资源的分配也是共同决策的重要内容。通过共同决策,合作伙伴可以实现运输资源的优化配置,提高运输工具的利用率,降低运输成本。例如,共同决策可以帮助制造商和分销商合理分配运输任务,避免运输资源的浪费。

（三）共享资源

在当前的物流运输领域,共享资源已经成为促进效率和降低成本的关键策略之一。这一策略允许合作伙伴之间通过资源共享实现互利共赢,尤其在运输资源的优化配置、提升运输工具利用率,以及降低整体运输成本方面表现显著。共享资源的范围广泛,不仅包括物理资源，如运输工具、仓储设施等，还包括信息资源，如运输网络、数据分析等。

例如，通过共享运输工具，合作伙伴可以集中货物进行批量运输，这不仅可以降低单件货物的运输成本，还能提升运输效率，减少空驶率。在实践中，这种共享不仅限于同一地区的企业，也可以跨地区、跨国界进行，通过高效的物流网络连接，实现更广范围的资源共享。

除了共享运输工具，共享仓储设施也是一种常见的资源共享形式。合作伙伴可以共同使用一座仓库，或者在不同地点的仓库之间进行资源共享，这样可以减少因仓储资源重复建设而造成的浪费，同时也能提高仓储空间的利用效率。

在共享运输网络方面，通过共享信息资源，合作伙伴可以实时了解运输工具的位置、状态和可用性，以及货物的运输进度，这样可以更灵活地调配运输资源，响应市场变化和客户需求，提高整个供应链的响应速度和服务水平。

实现资源共享的关键在于构建信任和开放的合作关系，确保共享机制的透明性和公平性。此外，高效的信息技术系统是共享资源策略成功实施的重要基础，它可以确保信息的准确性和实时性，降低协同管理的复杂性和风险。

总之，共享资源作为协同管理的重要策略，对于提高运输资源的利用效率、降低运输成本，以及增强供应链竞争力具有重要意义。随着物流信息技术的发展和合作伙伴之间合作机制的不断完善，共享资源将在未来的物流运输管理中发挥更大的作用。

（四）风险与收益共担

在现代的供应链管理中，风险与收益共担机制成了保持合作伙伴间稳固关系、提高整体供应链抵抗外部变化能力的重要策略。由于在供应链运作中，任何一个环节的风险都可能影响整个链条的效率和稳定性，因此通过共担风险和收益，可以鼓励合作伙伴间的互信和紧密合作，共同优化整个供应链的运作。

风险与收益共担的实质是构建一种共赢的合作关系，其中包括几个关键的方面：

1.风险识别与评估

供应链上的所有合作伙伴需要共同努力，识别和评估运输过程中可能面临的风险，这包括但不限于天气变化、政治动荡、市场需求波动等因素。

2.建立风险分担机制

在明确了潜在的风险后,合作伙伴需通过谈判确定风险分担的具体方案,包括在遭遇不同类型的风险时各方的责任、义务和权益等。这种机制的建立有助于在面临风险时快速响应,减少损失。

3.收益共享

除了风险的共担外,合作伙伴还应在收益分配上达成一致,确保所有参与方都能从供应链的高效运作中获益。这种收益的公平分配可以增加合作伙伴之间的信任,促进长期合作。

4.应对策略的制定

供应链合作伙伴应共同制定应对策略,以准备应对运输过程中可能出现的突发事件。这可能包括备选的运输路线、紧急物资储备,以及危机响应团队的建立等。

5.持续的沟通和协调

为了有效实施风险与收益共担机制,持续的沟通和协调至关重要。这不仅有助于及时分享信息,还能保证在面对风险时所有合作伙伴能够迅速采取一致行动。

通过实施风险与收益共担机制,供应链合作伙伴能够更好地应对运输过程中的不确定性,降低单方面承担风险的负担,同时提升整个供应链的稳定性和效率。这种机制的成功实施依赖于合作伙伴间的相互信任、公平透明的沟通以及有效的危机管理能力。

三、运输协同管理的关键环节

在现代物流管理中,运输协同管理是提高效率、降低成本、增强供应链竞争力的重要策略。它通过合作伙伴之间的紧密合作,实现资源共享和信息互通,优化整个供应链的运输计划和执行过程。运输协同管理的关键环节有以下几个方面:

(一)需求预测与订单管理

需求预测与订单管理是运输协同管理的起点。通过对市场需求的精确预测和有效的订单管理,企业可以更准确地计划其物流需求,减少不必要的库存积压和运输成本。

利用高级的数据分析工具和机器学习算法，企业能够提高预测的准确性，更灵活地应对市场变化。

（二）运输资源共享

运输资源共享是实现运输协同管理的重要手段。通过共享车辆、仓库等物流资源，合作伙伴可以避免资源重复投资，提高资源使用效率。例如，通过共享运输网络，企业可以合理安排货物集中配送，实现批量运输，降低运输成本。

（三）运输计划协同

在运输计划协同环节，合作伙伴之间的紧密合作显得尤为重要。这一环节不仅关乎物流效率，更是整个供应链流畅运作的关键。因此，有效的沟通和协调，确保制订出最优的运输计划，是每一个合作伙伴的共同责任。

在制订运输计划时，合作伙伴需要充分考虑各种因素，包括运输路线的选择、运输方式的确定以及发货时间的协调等。这些决策不仅影响着单次运输的成本和效率，对整体供应链的稳定性和竞争力也会产生深远影响。例如，合理的运输路线能够减少运输时间和成本，提高整体物流效率；合适的运输方式能够确保货物在运输过程中的安全，减少损耗和延误；发货时间的准确协调能够确保供应链各个环节的顺畅衔接，避免造成资源浪费和延误。

（四）运输执行监控

运输执行监控是确保运输计划顺利实施的关键。利用GPS定位系统、物联网技术等现代信息技术，企业可以实时追踪货物的运输状态，及时发现和解决运输过程中的问题。此外，通过监控数据的分析，企业还可以不断优化运输路线和方式，提高运输效率。

（五）性能评估与反馈

性能评估与反馈是运输协同管理的闭环环节。通过定期的绩效评估，合作伙伴可以量化运输协同管理的效果，识别改进的空间。反馈机制可以帮助合作伙伴及时调整运输策略和计划，持续提高运输过程的效率和质量。

四、运输协同管理的技术支撑

在货物运输价格的协同管理中,技术的支持起到了至关重要的作用。信息技术、通信技术和数据分析技术的应用,使得运输过程更加高效、透明,从而降低了货物运输的成本,提高了运输的效率。

(一)信息技术

信息技术在运输协同管理中扮演着核心角色。企业资源计划(ERP)和运输管理系统(TMS)是两种关键的信息技术工具,它们通过集成运输、仓储、订单处理等各个环节,实现了运输过程的一体化管理。这种一体化的管理方式,不仅提高了运输效率,还降低了运输成本。

ERP 系统是一个全面的资源管理工具,它可以集成企业内部的所有业务流程,包括运输、仓储、订单处理等。通过 ERP 系统,企业可以实时获取货物运输的信息,包括货物位置、运输状态、预计到达时间等。这些信息的实时获取,使得企业能够对货物运输过程进行实时监控和管理,从而及时发现问题并采取措施解决。

TMS 系统则是一种专门的运输管理工具,它可以帮助企业优化运输路线,提高运输效率,降低运输成本。TMS 系统可以自动计算最优的运输路线,避免交通拥堵和延误,从而提高运输效率。同时,TMS 系统还可以帮助企业实时跟踪货物运输状态,及时反馈给客户,提高客户满意度。

除了 ERP 和 TMS 系统,还有其他的信息技术工具也发挥着重要作用。例如,全球定位系统(GPS)可以实时获取货物的位置信息,帮助企业及时调整运输路线;条码扫描和射频识别(RFID)技术可以自动识别货物,提高仓储和运输的效率。

(二)通信技术

通信技术在运输协同管理中起到了至关重要的作用。移动通信和互联网技术的应用,使得货物运输的信息可以实时共享,提高了运输过程的透明度。这种透明度的提高,不仅使得运输过程更加高效,还增强了客户对运输企业的信任。

移动通信技术使得运输企业可以实时获取货物的位置信息,及时调整运输路线,避免交通拥堵和延误。移动通信技术还可以实现运输企业和货车司机之间的实时通信,提高运输效率。

互联网技术可以实现运输企业和客户之间的在线协同，提高运输效率。例如，客户可以通过互联网平台实时下单，运输企业可以实时接单，从而实现运输的快速响应。同时，运输企业和客户之间也可以通过互联网平台进行在线协商，解决运输过程中的问题，提高运输效率。

（三）数据分析技术

随着大数据和人工智能技术的飞速发展，运输优化已经成为现实。企业可以通过对大量的运输数据进行深入分析，发现运输过程中的瓶颈和问题，并进行针对性的优化。这种优化不仅有助于提高运输效率，还能降低运输成本。

首先，大数据技术使得企业能够收集和分析海量的运输数据，包括货物信息、运输路线、运输时间等。通过对这些数据的深入分析，企业可以发现运输过程中的瓶颈和问题，如拥堵的路段、效率低下的仓库等。基于这些发现，企业可以采取相应的措施进行优化，如调整运输路线、优化仓库布局等，从而提高运输效率，降低运输成本。

其次，人工智能技术在运输优化中也发挥着重要作用。人工智能技术可以通过对历史运输数据的分析，预测未来的运输需求，从而帮助企业提前做好运输准备。例如，通过预测货物的运输需求，企业可以提前安排运输车辆，避免因车辆不足而导致的运输延误。此外，人工智能技术还可以通过学习运输过程中的规律，自动调整运输策略，如优化运输路线、调整运输时间等，从而提高运输效率。

此外，大数据和人工智能技术的结合还可以实现运输风险的预警和管理。通过对历史运输数据的分析，人工智能技术可以发现潜在的运输风险，如恶劣天气、交通事故等，并提前发出预警。这样，企业就可以及时采取应对措施，避免或减少运输风险对货物运输的影响。

总之，大数据和人工智能技术的发展为运输优化提供了强大的技术支持。

五、运输协同管理面临的挑战与解决策略

货物运输价格的协同管理虽然能够带来巨大的效益，但在实施过程中也面临着一系列挑战。为了克服这些挑战，需要采取相应的解决策略。

（一）文化与信任

在运输协同管理中，不同企业之间可能存在着文化差异和信任问题。为了解决这个问题，需要建立合作伙伴间的信任机制。首先，企业应该加强沟通，了解合作伙伴的文化背景和价值观念，尊重彼此的差异。其次，企业应该建立透明的信息共享机制，确保各方都能够实时获取货物运输的信息，提高合作的信任度。此外，企业还可以通过签订合作协议、建立长期合作关系等方式，增强合作伙伴之间的信任。

（二）技术兼容性与标准化

在运输协同管理中，不同企业可能使用不同的信息技术系统，导致出现技术兼容性和标准化问题。为了解决这个问题，需要推动行业内技术标准和数据格式的统一。首先，行业协会和组织可以制定统一的技术标准和数据格式，为企业提供参考和指导。其次，企业应该积极参与技术交流和合作，共同推动技术兼容性和标准化的进程。此外，政府也可以出台相关政策，鼓励企业采用统一的技术标准和数据格式。

（三）合作机制与合同管理

在运输协同管理中，合作机制和合同管理也是面临的挑战之一。为了解决这个问题，需要制定灵活的合作协议和公平的利益分配机制。首先，企业应该根据合作的具体情况，制定灵活的合作协议，明确各方的权利和义务。其次，企业应该建立公平的利益分配机制，确保各方在合作过程中能够公平分享利益。此外，企业还可以通过建立合作委员会或合作协调机构，加强合作过程中的协调和管理。

第三节　绿色物流运输模式和管理

随着全球环境污染和资源短缺问题的日益严重，绿色物流的概念应运而生，成为物流行业发展的新趋势。绿色物流是指在物流活动过程中，通过采用环保、节能、低碳的技术和理念,实现物流活动与环境保护的协调发展。其重要性在于,一方面可以减少物流活动对环境的负面影响,降低能源消耗和污染排放;另一方面可以提高资源利用效率,降低物流成本,增强企业的竞争力。

一、绿色物流运输的基本原理

绿色物流运输是物流行业可持续发展的关键组成部分,它关注的是如何在货物运输过程中减少对环境的负面影响。为了实现这一目标,绿色物流运输遵循一系列基本原理,包括环境友好的运输方式选择、能效优化和碳排放减少,以及废物管理和循环利用。

(一)环境友好的运输方式选择

选择环境友好的运输方式是实现绿色物流运输的第一步。不同的运输方式,如公路、铁路、航空和海运,对环境的影响各不相同。评估这些运输方式的环境影响,包括能源消耗、温室气体排放、噪声污染和其他形式的污染,对制定绿色物流策略至关重要。企业应根据货物的性质、运输距离和时效要求等因素,选择对环境影响最小的运输方式。

(二)能效优化和碳排放减少

能效优化和碳排放减少是绿色物流运输的核心内容。为了降低能源消耗和温室气体排放,企业可以采取多种策略。例如,优化运输路线和装载效率,减少空驶和重复运输;使用节能型车辆和清洁能源,如电动汽车和生物燃料车辆,以及采用先进的运输管理系统,实时监控和优化运输过程。这些措施不仅有助于减少对环境的负面影响,还能降低运输成本,提高企业的经济效益。

(三)废物管理和循环利用

废物管理和循环利用是绿色物流运输的重要组成部分。在货物运输过程中,会产生各种废物,如包装材料、损坏的货物和废弃的运输设备等。有效的废物管理策略包括废物的分类收集、回收和二次利用。通过循环利用废物,不仅可以减少环境污染,还能节约资源，降低企业的运营成本。

二、绿色物流运输模式

为了实现货物运输的绿色化，物流行业正在积极采用多种绿色物流运输模式。这些模式包括多式联运、城市物流配送系统的优化、电动和替代能源运输工具的推广，以及绿色包装和托盘系统的应用。

（一）多式联运

多式联运是一种创新的运输模式，它将不同的运输方式有机地结合在一起，以实现更高效、更环保的货物运输。这种模式主要利用公路、铁路和海运等多种运输方式的优势，通过合理的规划和协调，达到降低能源消耗和减少污染排放的目的。

在多式联运模式下，货物从产地到目的地的运输过程可以更加灵活和高效。例如，货物可以先通过铁路从产地运输到港口，铁路运输具有大运量和低能耗的特点，能够有效减少运输过程中的能源消耗和污染排放。然后，货物可以通过海运运输到目的地附近的海港。海运是一种相对环保的运输方式，能够大量减少温室气体的排放。最后，通过公路完成"最后一公里"的配送。公路运输具有灵活性和便捷性的特点，能够快速将货物送达目的地。

多式联运的优势在于，它能够通过优化运输路线和减少中转环节，提高运输效率，降低运输成本。通过合理的规划和协调不同运输方式之间的衔接，可以减少货物的等待时间和中转次数，从而提高整体的运输效率。同时，多式联运也能够减少单一运输方式下的能源消耗和污染排放，有利于保护环境，实现可持续发展。

此外，多式联运还能够提高货物运输的可靠性和安全性。通过多种运输方式的组合，可以减少因单一运输方式的不稳定性所带来的风险，如交通拥堵、天气影响等。同时，多式联运还能够提供更多的运输路线选择，增加了货物运输的灵活性和应对突发事件的能力。

（二）城市物流配送系统

城市物流配送系统是针对城市配送中的拥堵和污染问题而设计的。随着城市化进程的加快，城市配送面临的挑战也日益增加。为了解决这些问题，物流行业正在采用智能物流系统和环保的配送车辆，以优化配送过程，提高配送效率。具体有以下几点：

首先，智能物流系统的应用使得企业可以实时监控配送过程，并优化配送路线。通过利用先进的定位技术和数据分析，企业可以获取实时的交通信息和配送需求，从而合理规划配送路线。这样可以减少车辆行驶里程和等待时间，降低能源消耗和排放。同时，智能物流系统还可以实现货物的实时追踪和配送状态的更新，从而提高配送的透明度和可靠性。

其次，为了减少城市配送中的噪音和尾气排放。企业可以采用小型、环保的配送车辆，如电动配送车。这些车辆具有零排放和低噪声的特点，可以有效减少对城市环境的影响。此外，电动配送车还可以利用可再生能源充电，进一步降低对传统能源的依赖。通过采用这些环保的配送车辆，企业不仅可以减少环境污染，还可以提升品牌形象，满足消费者对绿色配送的需求。

另外，城市物流配送系统还可以通过集中配送和共同配送的方式，减少配送车辆的数量和行驶里程。集中配送是将多个订单集中在一个配送中心进行处理，然后统一配送，可减少重复配送和空驶；共同配送则是多个企业或物流公司合作，共享配送资源和信息，可提高配送效率。这些措施都可以减少城市配送中的车辆拥堵，提高配送效率。

综上所述，城市物流配送系统通过采用智能物流系统和环保的配送车辆，以及优化配送路线和减少车辆行驶里程，有助于减少城市配送中的拥堵和污染，提高配送效率。这些措施不仅有利于环境保护，还可以提升企业的竞争力和可持续发展能力。

（三）电动和替代能源运输工具

电动和替代能源运输工具在绿色物流运输中扮演着至关重要的角色。随着人们环境保护意识的增强，物流行业正逐渐向更加环保的运输方式转型。电动车辆和生物燃料车辆的使用可以显著降低运输过程中的能源消耗和温室气体排放，有助于实现可持续发展的目标。具体有以下几点：

首先，电动车辆作为一种零排放的运输工具，具有显著的环境优势。电动车辆使用电能作为动力源，不产生尾气排放，可以有效减少空气污染和温室气体排放。此外，电动车辆还具有低噪声的特点，减少了对城市环境的噪声污染。政府和企业可以通过提供购车补贴、建设充电站等激励措施，鼓励物流企业采用电动车辆进行货物运输。

其次，生物燃料车辆是另一种重要的替代能源运输工具。生物燃料是从可再生的生物质资源中提取的，如植物油、废弃物等。与传统的石油燃料相比，生物燃料的使用可以减少碳排放和其他污染物的排放。政府和企业可以通过提供生物燃料的优惠政策、建设生物燃料加注站点等措施，推动物流企业采用生物燃料的车辆。

除了电动车辆和生物燃料车辆，还可以推广其他替代能源，如太阳能和风能，为物流运输提供清洁能源。太阳能和风能是可再生能源，使用这些能源可以减少对传统能源的依赖，降低能源消耗和温室气体排放。物流企业可以安装太阳能板和风力发电设施，为自己的物流中心和配送车辆提供清洁能源，实现绿色物流的目标。

综上所述，电动和替代能源运输工具是绿色物流运输的重要组成部分。通过采用电动车辆、生物燃料车辆以及其他替代能源，可以显著降低运输过程中的能源消耗和温室气体排放。政府和企业应积极推动这些环保运输工具的应用，促进物流行业的可持续发展。

（四）绿色包装和托盘系统

随着环境保护意识的提高，减少包装废物对环境的影响变得越来越重要。采用可循环或可降解的包装材料，可以降低包装废物对环境的负担，促进可持续发展。

首先，使用可循环或可降解的包装材料是一种环保的选择。这些材料可以在使用后进行回收或自然降解，减少了对环境的污染。例如，使用可回收的塑料托盘，可以减少对木材的使用，降低对森林资源的消耗。这种塑料托盘可以重复使用多次，减少了包装废物的产生。此外，还可以使用生物降解材料制成的包装，这种材料可以在自然条件下分解，减少了对环境的污染。

其次，优化包装设计是减少包装材料用量的重要措施。通过合理设计包装结构，可以减少包装材料的用量，降低包装的重量和体积。这不仅可以减少资源的消耗，还可以降低运输成本。例如，使用轻量化材料、减少包装层数、采用可折叠的设计等方式，均可以减少包装的用量，提高包装的循环利用率。

此外，企业还可以通过建立包装回收和再利用的系统，提高包装的循环利用率。例如，可以建立包装回收站，对使用过的包装进行回收处理，再次利用。这不仅可以减少包装废物的产生，还可以降低企业的包装成本。

第六章　物联网技术在物流行业的应用

第一节　物联网技术在仓储系统的应用

物联网技术（Internet of Things，IoT）是一种涉及计算机网络、传感器技术、智能技术等多种技术的综合应用。物联网技术将各种物品连接到互联网上，实现物品与物品之间、物品与人之间的信息交换和通信。物联网技术在仓储系统中具有重要的价值，可以帮助企业实现仓储管理的智能化、自动化和高效化。

通过应用物联网技术，企业可以实现对仓储过程的实时监控和管理，提高仓储效率，降低仓储成本。此外，物联网技术还可以为企业提供更加精确的仓储数据，帮助企业进行仓储优化和决策支持。

一、物联网技术在仓储系统中的应用场景

物联网技术在仓储系统中的应用场景非常广泛，主要包括库存管理、环境监控、资产追踪和智能物流等方面。这些应用场景可以帮助企业实现仓储管理的智能化、自动化和高效化。

（一）库存管理

物联网技术在库存管理方面的应用主要包括实时库存监控和自动补货系统。实时库存监控可以通过安装在仓库中的传感器来实现，其通过实时采集库存数据，并通过云计算平台进行分析和处理，从而实现对库存的实时监控。自动补货系统可以根据实

时库存数据和销售预测，自动生成补货订单，并发送给供应商，实现自动补货。

（二）环境监控

物联网技术在环境监控方面的应用主要包括仓库温湿度控制和安全监测。通过安装在仓库中的温湿度传感器，可以实时采集仓库内的温湿度数据，并通过云计算平台进行分析和处理，从而实现对仓库温湿度的自动控制。安全监测可以通过安装在仓库中的摄像头和传感器来实现，实时监控仓库内的安全状况，及时发现异常情况并采取相应措施。

（三）资产追踪

物联网技术在资产追踪方面的应用主要包括物品定位、移动路径分析和防盗防丢失。物品定位可以通过安装在物品上的 RFID 标签或 GPS 定位设备来实现，实时获取物品的位置信息。移动路径分析可以通过对物品移动数据的采集和分析，了解物品在仓库内的移动路径，优化仓库布局和作业流程。防盗防丢失可以通过对仓库门的感应器、视频监控等技术来实现，及时发现异常情况并采取相应措施。

（四）智能物流

物联网技术在智能物流方面的应用主要包括与自动化输送系统的集成和智能分拣。与自动化输送系统的集成可以通过物联网技术实现对自动化输送设备的控制和调度，实现自动化输送系统的智能化运行。智能分拣可以通过物联网技术实现对分拣设备的控制和调度，实现智能分拣。

二、物联网技术的实施效益

物联网技术在仓储系统中的实施带来了多方面的效益，包括操作效率的提升、成本的节约、服务水平的提高以及数据驱动决策能力的增强。

（一）操作效率提升

物联网技术的应用可以实现仓储流程的自动化，减少人工干预，从而提高仓库作业效率。例如，自动化搬运机器人可以代替人工进行货物的搬运和分拣，提高了作业的速度和准确性。此外，通过物联网技术实现的实时库存监控和自动补货系统，可以减少库存积压，提高库存周转率，进一步提升仓库作业的效率。

物联网技术的应用，使得仓储流程的自动化成为可能。自动化搬运机器人可以在仓库内自主导航，高效地将货物从存储区搬运到分拣区，或者将分拣完成的货物搬运到出货区。这些机器人通常配备先进的传感器和控制系统，能够准确地识别货物，避免搬运过程中的错误和损坏。同时，自动化搬运机器人还可以进行货物的分拣工作，将货物按照订单要求进行分类和打包，提高分拣的效率和准确性。

物联网技术还能够实现对仓库库存的实时监控。管理人员通过安装在仓库中的各种传感器，如 RFID 标签、温度传感器、湿度传感器等，可以实时采集库存数据，如货物的位置、状态、温度、湿度等。这些数据通过物联网技术传输到中央管理系统，进行实时分析和处理。管理人员可以根据这些数据，实时了解库存情况，及时调整库存策略，避免库存积压和缺货。

此外，物联网技术还能够实现自动补货系统。通过分析销售数据、库存数据和供应链数据，系统可以预测未来一段时间内的库存需求。当库存低于预设的阈值时，系统会自动生成补货订单，并发送给供应商或物流公司。这样，就可以实现库存的自动补充，避免库存短缺，提高库存周转率。

（二）成本节约

物联网技术通过优化库存管理，减少库存积压和过时库存，从而降低库存成本。同时，通过实时监控和数据分析，可以有效控制货物的损耗，减少资源浪费。例如，通过温度和湿度的实时监控，可以防止因环境因素导致的货物损坏，从而节约因货物损耗带来的成本。

物联网技术在库存管理方面的应用，使得企业能够更加精确地掌握库存情况，从而优化库存管理。通过实时监控库存数据，企业可以及时了解库存变化情况，并根据市场需求和供应链状况，合理调整库存策略。

此外，物联网技术还能够有效控制货物的损耗。通过实时监控和数据分析，企业可以及时发现货物损耗的原因，如盗窃、损坏、过期等，并采取相应的措施进行纠正。例如，通过安装视频监控系统、门禁系统等，可以有效防止盗窃和人为损坏。通过定期检查和维护，可以减少设备的故障率，降低货物损坏的风险。通过合理控制库存，可以避免过期库存的发生，减少资源浪费。

物联网技术还能够通过温度和湿度的实时监控，防止因环境因素导致的货物损坏。例如，对于需要特定温度和湿度的货物，如冷冻食品、医药产品等，可以通过安装温度传感器和湿度传感器，实时监测仓库内的温度和湿度。当温度或湿度超出预设的范围时，系统会自动发出警报，并采取相应的措施，如开启空调、加湿器等，以确保货物的质量和安全。

（三）服务质量提升

物联网技术通过提高仓储精度和响应速度，可以增强客户满意度。

物联网技术在仓储管理中的应用，使得仓储过程更加精确和高效。通过实时监控库存数据，企业可以确保库存信息的准确性，为客户提供实时库存信息。客户可以根据这些信息，及时了解库存状态，制订采购计划或调整销售策略。这种透明化的库存管理，有助于增强客户对企业的信任，提高客户满意度。

物联网技术还能够通过智能分拣和配送系统，提高货物的配送速度和准确性。例如，通过安装自动化分拣设备，如分拣机器人、输送带等，可以实现货物的快速分拣。这些设备能够根据订单要求，自动将货物从仓库中挑选出来，并进行分类、打包和配送。此外，物联网技术还能够实现对配送过程的实时监控，确保货物按时送达客户手中。

（四）数据驱动决策

物联网技术通过收集和分析大量数据，为企业的决策提供了数据支持。通过数据分析可以准确预测市场需求，优化库存和供应链管理，提高企业的市场竞争力。

物联网技术在数据收集方面具有显著的优势。通过在设备和流程中部署各种传感器和监控设备，企业可以实时收集大量的数据，如设备运行状态、生产过程参数、库存水平等。这些数据通过物联网技术传输到数据处理中心，进行集中存储和分析。

在数据分析方面，企业可以利用大数据分析技术，对收集到的数据进行深入挖掘和分析。通过对设备运行数据的分析，可以发现设备运行中的异常模式，预测设备故障的可能性，从而提前进行维护和维修。这种预测性维护可以减少设备停机时间，提高设备运行效率，降低设备维修成本。

同时，企业还可以通过分析市场数据和供应链数据，准确预测市场需求变化。通过对历史销售数据、市场趋势、季节性因素等数据的分析，可以预测未来一段时间内的市场需求量。基于这些预测数据，企业可以优化库存管理，合理安排生产和采购计划，避免库存积压或缺货情况的发生。此外，通过数据分析和优化供应链管理，可以提高整个供应链的运作效率，降低运营成本，提高企业的市场竞争力。

综上所述，物联网技术在仓储系统中的实施带来了多方面的效益。通过提高操作效率、节约成本、提升服务质量和数据驱动决策，物联网技术帮助企业实现仓储管理的智能化和高效化，增强了企业的竞争力。因此，企业应积极探索和应用物联网技术，以实现仓储管理的优化和升级。

三、面临的挑战与解决策略

物联网技术在仓储系统中的应用虽然带来了诸多效益，但也面临一些挑战。为了克服这些挑战，企业需要采取相应的解决策略。

（一）挑战

1. 技术挑战

物联网技术在仓储系统中的应用涉及多种技术，如传感器技术、无线通信技术、云计算和大数据分析等。这些技术之间的兼容性是一个挑战，需要确保各种技术能够无缝集成和协同工作。此外，数据安全和隐私保护也是技术挑战之一。企业需要确保收集和存储的数据安全，防止数据泄露和滥用，同时保护客户和员工的隐私。

2. 操作挑战

物联网技术的应用需要员工具备相应的技能和知识。员工培训是一个挑战，需要对员工进行物联网技术、仓储管理系统等方面的培训，提高他们的操作能力和技术水平。同时，技术升级和维护也是操作挑战之一。企业需要定期对物联网设备和系统进行升级和维护，确保系统的稳定性和可靠性。

3.战略挑战

物联网技术的应用需要企业在技术投资回报评估和长期发展规划方面作出决策。技术投资回报评估需要评估物联网技术的投资成本和潜在效益，确定投资的可行性和回报率。长期发展规划需要考虑物联网技术在仓储系统中的应用趋势和未来发展方向，制订相应的战略规划和投资计划。

（二）解决策略

为了克服上述挑战，企业可以采取以下解决策略：

1.合作伙伴选择

在物联网技术的应用过程中，选择有经验和专业能力的合作伙伴至关重要。企业应选择那些在物联网解决方案、物流管理系统等领域具有丰富经验的合作伙伴。这些合作伙伴可以帮助企业解决技术挑战和操作挑战，提供定制化的解决方案，确保技术的顺利实施和运营。例如，选择专业的物联网解决方案提供商可以帮助企业搭建和优化物联网系统，而选择有经验的物流管理系统开发商可以帮助企业实现物流流程的自动化和智能化。

2.技术标准化

推动物联网技术的标准化对于确保系统之间的兼容性和互操作性至关重要。企业应积极参与或推动物联网技术的标准化工作，制定统一的技术标准和接口规范。这有助于提高系统的稳定性和可靠性，促进不同设备和系统之间的无缝集成。通过技术标准化，企业可以确保物联网系统的长期可维护性和升级能力。

3.持续创新

鼓励持续创新是保持企业竞争力和市场地位的关键。企业应鼓励内部研发团队不断探索和应用物联网技术的新应用场景和解决方案。这包括开发新的物联网应用、优化现有应用、引入新的技术等。通过持续创新，企业可以不断提高物联网技术的应用水平，满足市场需求的变化，提升企业的竞争力。

四、未来发展趋势

物联网技术在仓储系统中的应用将随着技术进步、应用扩展和行业普及而不断发展。以下是一些未来发展趋势的预测：

（一）技术进步

随着技术的不断进步，物联网技术将变得更加成熟和高效。新传感器技术的发展将使传感器更加精准和可靠，能够监测更多维度的数据。更先进的数据处理能力将使企业能够更快速、准确地分析和利用物联网数据，实现更智能化的决策。例如，边缘计算技术的发展将使数据处理更加靠近数据源，减少延迟，提高处理效率。

（二）应用扩展

物联网技术在仓储系统的应用将逐渐扩展到整个供应链管理。通过将物联网技术与供应链管理系统相结合，企业能够实现对整个供应链的实时监控和优化。例如，物联网技术将帮助企业实现更精准的库存预测、更高效的物流规划和更快速的供应链响应。这将进一步提高供应链的透明度和协同性，提升整体供应链的效率和竞争力。

（三）行业普及

随着物联网技术的成熟和应用案例的增多，物联网技术将在更多行业和领域得到广泛应用。除了仓储系统，物联网技术将在制造业、农业、医疗保健、智能家居等领域发挥重要作用。例如，物联网技术将帮助制造业实现更智能的生产和质量管理，帮助农业实现更精准的种植和灌溉管理。随着物联网技术的普及，将有更多行业从中受益，实现数字化转型和智能化升级。

第二节 交通运输物联网系统建设

物联网技术在交通运输领域的应用正日益增长，其重要性不言而喻。物联网技术通过将各种运输工具、基础设施和信息系统连接起来，实现了运输过程的智能化、自动化和高效化。

一、系统设计原理

交通运输物联网系统的设计原理涉及系统的架构、关键技术以及标准与协议。

（一）系统架构

交通运输物联网系统具有层次化的架构，这种架构设计确保了系统的高效运行和数据处理的准确性。

1.感知层

感知层是交通运输物联网系统的底层，由各种传感器、摄像头等设备组成。这些设备负责采集运输过程中的关键数据，如车辆位置、速度、状态等。感知层中的设备通过物联网技术连接起来，实现了数据的自动采集和实时传输。这些数据为上层提供了基础，使得网络层和应用层能够更好地进行数据处理和业务决策。

2.网络层

网络层位于感知层之上，负责将感知层采集到的数据传输到平台层。网络层包括各种通信设备和网络，如无线网络、有线网络等。网络层的作用是实现设备之间的信息传输和交换，确保数据能够安全、高效地在系统内部传输。此外，网络层还负责与外部系统进行数据交互，如与其他企业或政府部门的交通运输系统共享信息。

3.应用层

应用层是交通运输物联网系统的顶层，包括各种应用软件和系统，如智能调度系统、车辆管理系统等。应用层通过分析感知层采集的数据，为用户提供决策支持和业务功能。应用层为用户提供了便捷、高效的服务，如实时监控车辆位置、优化运输路线、预测交通状况等。此外，应用层还可以根据用户需求提供定制化的服务，如货物追踪、紧急救援等。

总的来说，交通运输物联网系统通过层次化的架构设计，实现了从数据采集、传输到应用的完整链条。这种架构使得系统在处理大规模数据时具有较高的效率和稳定性，同时也为未来的扩展和升级提供了便利。

（二）关键技术

在交通运输物联网系统中，以下关键技术起着至关重要的作用，能确保系统的正常运行和高效性能。

1.传感器技术

传感器技术是交通运输物联网系统的基石，用于采集运输过程中的各种数据，如车辆位置、速度、温度、湿度、压力等。随着技术的发展，传感器越来越小型化、智能化，能够采集更加丰富和精确的数据。高质量的传感器能够提高数据采集的准确性和可靠性，为后续的数据分析和决策提供坚实的基础。

2.通信技术

通信技术实现设备之间的信息传输和交换，是连接感知层和应用层的关键。在交通运输物联网系统中，通信技术包括无线通信和有线通信。无线通信技术如 Wi-Fi、蓝牙、NFC 等，适用于短距离通信，而长距离通信则更多采用 GPRS、4G/5G、LoRa 等技术。通信技术的选择取决于实际应用场景的需求，如传输距离、数据速率、功耗、成本等因素。

3.数据处理和分析技术

数据处理和分析技术用于存储、处理和分析感知层采集到的数据。这些技术包括数据存储、数据清洗、数据集成、数据挖掘、机器学习等。通过这些技术，用户可以从海量数据中提取有价值的信息，进行预测性分析、优化运输路线、提高运输效率等。数据处理和分析技术的发展使得交通运输物联网系统能够更加智能化，为决策者提供有力的支持。

（三）标准与协议

在交通运输物联网系统中，为了确保系统的互操作性和数据安全，遵循行业标准和通信协议至关重要。

1.行业标准

行业标准为物联网系统中的设备、接口、数据格式等提供了规范。这些标准包括设备通信接口标准、数据格式标准、安全标准等。遵循行业标准有助于实现不同设备、系统之间的互操作性，使得各种设备和系统能够无缝连接和协同工作。例如，国际标准化组织（ISO）和国际电工委员会（IEC）发布的ISO/IEC 18000系列标准，为物联网设备提供了统一的技术规范。

2.通信协议

通信协议定义了设备之间传输数据的方式和规则，包括数据编码、传输格式、传输速率、错误检测和纠正等，选择合适的通信协议可以确保数据传输的可靠性和安全性。在交通运输物联网系统中，常见的通信协议包括 TCP/IP、HTTP、MQTT 等。这些协议提供了设备之间稳定、高效的通信机制，确保数据传输的准确性。

3.数据安全

在遵循行业标准和通信协议的同时，数据安全也是至关重要的。为了确保数据的安全传输和存储，需要采取加密、认证、访问控制等安全措施。此外，还需关注数据在传输和存储过程中的完整性，防止数据被篡改或泄露。遵循数据安全标准，如 ISO/IEC 27001，有助于提高系统的安全性。

总之，通过遵循行业标准，实现不同设备、系统之间的无缝连接；选择合适的通信协议，确保数据传输的可靠性和安全性。同时，关注数据安全，采取相应的安全措施，以保护系统免受攻击和数据泄露的风险。这些措施有助于构建一个稳定、高效、安全的交通运输物联网系统。

二、系统应用场景

交通运输物联网系统的应用场景涵盖了智能交通管理、车辆追踪与调度以及环境监测与安全等多个方面,下面将详细介绍这些应用场景的具体内容。

(一)智能交通管理

实时交通监控、交通流优化和事故预防是智能交通管理中三个关键环节,它们利用物联网技术实现交通管理的智能化和高效化。

1.实时交通监控

通过安装在道路上的摄像头、传感器等设备,交通管理部门可以实时监控交通流量、速度、拥堵情况等,为交通管理提供数据支持。这些设备可以采集车辆的数量、速度、车道使用情况等数据,帮助交通管理部门及时了解交通状况,做出相应的决策。

2.交通流优化

根据实时交通数据,利用智能算法优化信号灯配时、调整交通路线等,缓解交通拥堵,提高道路通行效率。智能算法可以根据交通流量、速度、拥堵程度等因素,自动调整信号灯的配时和交通路线的规划,达到最优的道路通行效果。

3.事故预防

通过实时监控和数据分析,预测潜在的事故风险,提前采取措施,如发布交通预警、调整信号灯等,减少交通事故的发生。通过对车辆的速度、车道变化、行驶轨迹等数据的分析,可以及时发现异常行为和潜在的事故风险,提前向驾驶员或交通管理部门发出预警,采取相应的措施,以减少交通事故的发生。

物联网技术在智能交通管理中的应用,不仅可以提高交通管理的效率和安全性,还可以为城市交通规划提供数据支持。实时交通监控和数据分析可以帮助交通管理部门了解交通状况,优化交通流量的分配,提高道路通行效率。通过交通流优化,可以减少交通拥堵,提高道路的通行能力。同时,事故预防措施可以减少交通事故的发生,保障人民的生命财产安全。

(二)车辆追踪与调度

1.货运物流管理

通过给货运车辆安装 GPS 定位设备,实时追踪货物位置,优化运输路线,提高运输效率。这有助于企业优化运输路线,避免不必要的绕行和重复运输,降低运输成本和时间。此外，实时追踪货物位置还可以提高货物的运输安全性，避免货物的丢失或损坏。

2.公交系统调度

公交系统调度是物联网技术在公共交通领域的应用之一。通过实时客流数据的收集和分析，企业可以根据乘客需求和出行习惯，调整车辆运行路线和发车频率，提高公交服务的质量和乘客满意度。例如，在客流量较大的区域增加车辆运行路线和发车频率，而在客流量较小的区域减少运行路线和发车频率，以实现公交资源的合理分配和优化。

3.紧急车辆优先通行

紧急车辆优先通行是物联网技术在交通运输管理领域的应用之一。通过给紧急车辆安装特殊标识，企业可以实时监控其位置，并将其信息传输到交通管理系统中。这样，交通管理系统可以根据紧急车辆的位置和行驶路线，为其提供优先通行的信号和指示，确保紧急车辆能够快速、安全地到达目的地。这种应用可以提高紧急车辆的通行效率，减少紧急情况下的响应时间，保障公共安全和救援效果。

（三）环境监测与安全

1.监测交通噪声

随着城市交通量的不断增加，交通噪声已成为影响城市环境质量的一个重要因素。为了有效监测和管理交通噪声，城市环境管理部门可以利用物联网技术，在道路周边安装噪声传感器。这些传感器可以实时监测交通噪声水平，并将数据传输到环境管理部门。通过分析这些数据，环境管理部门可以评估交通噪声对城市环境的影响，制定相应的噪声控制措施，如调整交通路线、限制重型车辆通行等，以降低交通噪声污染。

2.空气质量监测

空气质量直接关系到人们的健康和生活质量。为了实时了解城市空气质量状况，环境管理部门可以在道路周边安装空气质量监测器。这些监测器可以实时监测空气质量，如 PM2.5、CO_2 等污染物浓度，并将数据传输到环境管理部门。通过分析这些数据，环境管理部门可以及时发现空气质量问题，采取相应的治理措施，如限制污染排放、增加绿化面积等，以提高城市空气质量，保障市民的健康。

3.道路安全状况监测

道路安全状况对人们的出行安全至关重要。为了实时了解道路安全状况，交通管理部门可以在道路上安装传感器。这些传感器可以实时监测道路损坏、结冰等安全隐患，并将数据传输到交通管理部门。通过分析这些数据，交通管理部门可以及时发现道路安全隐患，采取相应的修复和警示措施，如设置警示标志、及时修复损坏道路等，以保障道路安全，减少交通事故的发生。

三、实施挑战与解决方案

在实施交通运输物联网系统时，企业和个人可能会面临一系列挑战。为了应对这些挑战，以下是一些可能的解决方案

（一）技术挑战

1.设备的兼容性

解决设备兼容性问题需要制定统一的标准和协议，确保不同厂商的设备能够无缝集成。在物联网系统中，涉及多种设备和传感器，这些设备可能来自不同的制造商，使用不同的通信协议和技术标准。因此，为了实现设备的互操作性和数据交换，需要制定统一的标准和协议，如 IEEE 标准、ZigBee 协议等。这些标准和协议可以确保不同厂商的设备能够兼容和集成，实现数据的互联互通。

2.网络的覆盖性和可靠性

物联网系统的网络覆盖范围和稳定性对系统的正常运行至关重要。网络覆盖范围需要覆盖到物联网系统的各个角落，确保设备的实时连接和数据传输。网络的稳定性需要确保网络的可靠性和低延迟，避免网络中断和数据丢失。此外，网络的可靠性也需要通过冗余设计和技术手段来确保，如使用多跳网络、备份网络等，以提高系统的抗干扰能力和故障恢复能力。通过扩大网络覆盖范围和提高网络的稳定性和可靠性，可以确保物联网系统数据的连续性和准确性，为系统的正常运行提供保障。

（二）安全与隐私

1.数据安全措施

在物联网系统中，数据的安全性至关重要。为了保护数据免受未经授权的访问和篡改，需要采取一系列的数据安全措施。例如，对传输的数据实施加密，如 AES、RSA 等加密算法，确保数据在传输过程中的安全性。对用户进行认证，确保只有授权用户才能访问和操作数据。实施访问控制策略，限制用户对数据的访问权限，防止未授权的数据访问和操作。此外，还需要对存储的数据进行定期备份和恢复，以防止数据丢失和损坏。

2.个人隐私保护

在物联网系统中，涉及大量个人信息的收集和使用。为了保护用户的隐私，需要制定隐私保护政策，确保个人信息的合法性和透明度。隐私保护政策应明确个人信息的收集范围、使用目的和存储方式，确保个人信息的收集和使用符合法律法规的要求。此外，还需要定期对用户进行隐私保护政策的培训和宣传，提高用户的隐私保护意识。

（三）成本与维护

1.系统建设和运营的成本

物联网系统的建设和运营需要投入大量的资金和资源。为了降低成本，企业可以采用创新技术，如云计算、大数据分析等，提高系统的运行效率和降低运营成本。此外，通过规模化应用，可以实现规模经济效应，降低单位成本。例如，通过集中采购、共享资源等方式，可以降低设备和服务的采购成本。同时，规模化应用还可以提高系统的可靠性和稳定性，降低故障率和维修成本。

2.技术更新和维护的持续性

物联网系统需要不断地进行技术更新和维护，以适应市场和技术的发展。为了确保系统的长期稳定运行和持续性能优化，企业需要建立长期的技术更新和维护机制。这包括定期评估新技术的应用前景，及时引入新技术，提高系统的技术水平。同时，还需要建立专业的技术维护团队，负责系统的日常运行监控、故障排除和性能优化。

（四）政策与法规

1.合规性问题

物联网系统的建设和运营需要遵守国家和地区的法律法规，如数据保护法、网络安全法等。这些法律法规规定了数据收集、处理和传输的合法性要求，以及用户的隐私权和数据权等。为了确保系统设计和运营符合相关法规要求，企业需要对法律法规进行深入研究和理解，制定相应的合规策略和措施。例如，建立数据保护机制，确保用户数据的合法收集和使用。

2.标准化建设

为了实现物联网系统中不同系统和设备之间的互操作性，需要推动行业标准的制定和实施。这些标准可以统一系统接口、数据格式和技术要求，确保不同厂商的设备和系统能够兼容和集成。企业可以积极参与标准化工作，提出标准提案，参与标准制定过程，推动标准的实施和应用。通过标准化建设，可以促进物联网系统中不同系统和设备之间的互操作性，提高系统的集成性和协同性。

3.跨界合作的政策支持

物联网技术的发展需要跨界合作，包括政府、企业、学术界和研究机构等多个领域的合作。为了促进交通运输物联网的发展，政府和企业可以提供政策支持，鼓励跨界合作。例如，政府可以制定相应的政策，提供资金支持和税收优惠，促进企业和研究机构之间的合作。企业可以建立开放的创新平台，共享资源和知识，推动技术的研发和创新。通过跨界合作的政策支持，可以促进交通运输物联网的快速发展，推动行业的创新和进步。

参考文献

[1]刘强，孟凡奎，曹生炜.交通运输与物流供应管理[M].长春：吉林人民出版社，2022.

[2]牟向伟，蒋晶晶．交通运输物流大数据分析与应用[M].武汉：华中科技大学出版社，2021.

[3]盛小丽，陈志华，刘宏刚.物流供应管理与智能交通运输[M].西安：西安地图出版社，2021.

[4]帅斌，王宇，霍娅敏．交通运输经济：第2版[M].成都：西南交通大学出版社，2021.

[5]陈家宏，林毅，陈迎新，等．交通运输法：第2版[M].成都：西南交通大学出版社，2021.

[6]余霞.交通运输与物流法规[M].西安：西安交通大学出版社，2017.

[7]夏立国.交通运输商务管理[M].南京：东南大学出版社，2018.

[8]刘松，傅志妍，彭勇.交通运输中的数学问题：预测、优化与仿真[M].成都：西南交大出版社，2022.

[9]冉斌.互联网+交通运输：交通运输的新变革[M].南京：江苏科学技术出版社，2017.

[10]赵光辉.域外综合交通运输服务研究：美国交通服务考察[M].武汉：武汉理工大学出版社，2021.

[11]杨斌编；施欣."一带一路"智慧物流[M].上海：浦江教育出版社，2021.

[12]张赫，李振福.交通运输与物流工程[M].大连：大连海事大学出版社，2007.

[13]陈海宽，等.交通运输服务贸易与物流[M].北京：中国海关出版社，2002.

[14]费瑞波.交通运输实验教程[M].合肥：中国科学技术大学出版社，2016.

[15]王裕荣，等.交通运输[M].济南：山东科学技术出版社，2007.

[16]陈汩梨，封学军.西部非洲国家交通运输现状及通道建设研究[M].南京：河海大学出版社，2021.

[17]户佐安，薛锋.交通运输组织学[M].成都：西南交通大学出版社，2014.

[18]汪传雷.物流运输与包装：第2版[M].合肥：合肥工业大学出版社，2021.

[19]高自友，孙会君.现代物流与交通运输系统[M].北京：人民交通出版社，2003.

[20]谢宇.连接的纽带：交通运输[M].南昌：百花洲文艺出版社，2010.

[21]谢明，陈瑶，李平.电子商务物流：第2版[M].北京：北京理工大学出版社，2020.

[22]魏学将，王猛，张庆英. 智慧物流概论[M].北京：机械工业出版社，2020.

[23]张赫.高等学校物流工程与物流管理专业系列规划教材：交通运输工程学概论[M].大连：大连海事大学出版社，2017.

[24]徐大振，陈道军.交通运输管理概论[M].北京：人民交通出版社，2003.

[25]朱艳茹.交通运输企业管理[M].南京：东南大学出版社，2008.

[26]王龙.交通运输商务管理[M].哈尔滨：哈尔滨工业大学出版社，2009.

[27]董千里.交通运输组织学[M].北京：人民交通出版社，2008.

[28]李京文.中国交通运输要览[M].北京：经济科学出版社，1989.

[29]师斌，霍娅敏，胡骥.交通运输经济[M].成都：西南交通大学出版社，2007.

[30]崔书堂.交通运输信息管理[M].南京：东南大学出版社，2008.